협동조합도시

이 도서의 국립중앙도서관 출판시도서목록(CIP)은 서지정보유통지원시스템 홈페이지(http://seoji.nl.go.kr)와 국가자료공동목록시스템(http://www.nl.go.kr/kolisnet)에서 이용하실 수 있습니다. (CIP제어번호 : CIP2014009407)

서울연구원 미래서울 연구총서 05

협동조합도시

김현대 지음

한울
아카데미

차례

서문 / 7

1 _ 바야흐로 협동조합시대 / 11

2 _ 한국의 협동조합(1) / 25

3 _ 한국의 협동조합(2) / 39

4 _ 세계의 협동조합 / 71

5 _ 아하! 협동조합 상식 / 103

지은이 후기_ 협동조합 도시를 위하여 / 121

참고문헌 / 125

서문

'어느 날 갑자기 우리 앞에 다가왔다'라는 표현이 어울릴 것 같다.

협동조합으로 병원을 세우고, 협동조합으로 공동주택을 짓는다. 협동조합 술집을 열고, 협동조합으로 국수와 와플 프랜차이즈 사업을 벌인다. 대리운전자와 택배기사는 자신들이 100% 출자 지분을 가진 협동조합의 조합원으로 거듭난다. 사주의 횡포로 회사에서 쫓겨나거나 뛰쳐나온 직원들이 공동 출자로 1인 1표의 협동조합기업을 세운다. 잘나가는 언론 주식회사를 협동조합으로 전환하고, 발전협동조합과 축구클럽협동조합도 추진한다. 유럽 등지의 선진 협동조합 사례에서 말로만 듣던 일이 바로 우리 눈앞에서 벌어지고 있다.

한살림·아이쿱·두레·행복중심이란 4대 생협은 이미 가장 신뢰받는 먹거리 매장으로 단단한 입지를 굳혔다. 서울 강남 한복

판에서도 위력을 떨친다. 진정한 협동조합이라 말하기 어려운, 반관반민의 농협과 수협 같은 곳은 '진짜 협동조합으로 거듭나라'는 사회적 요구에 직면하고 있다. 지금의 농협은행이 5년 또는 10년 뒤쯤 농민과 시민 조합원의 진정한 협동조합금융으로 거듭날 수도 있을까? 이렇게 상상하는 것이 전혀 몽상만은 아닌 시대가 열리고 있다.

우리는 효율을 추구하는 경제에서는 민주주의가 불가능하다고 배웠다. 민주주의는 정치의 영역일 뿐, 경제에서는 무한경쟁과 승자독식이 불가피하다고 생각했다. 그런데 협동조합은 이런 상식을 파괴한다. 1인 1표의 민주주의 원칙으로 기업을 운영하면서, 시장에서도 경쟁력을 발휘한다. 협동조합은 재벌의 횡포를 막아달라고 외치고 투쟁하는 데서 멈추지 않는다. 조합원은 소비자 기업(소비자협동조합, 생협), 노동자 기업(직원협동조합), 공급자 기업(생산자협동조합)을 공동 출자로 세워 직접 소유하고 운영한다. 협동과 신뢰, 명예를 무기로 삼아 고객·직원·거래처의 자발적인 충성심이라는 무한의 경쟁력을 확보한다.

사실 협동조합은 공동체의 삶에 뿌리를 둔 가장 자연스러운 기업형태이다. 동서고금의 경제를 돌아보면, '인간이 만물의 척도'라는 가치가 대원칙이었다. 한국의 계와 두레, 서양 중세의 길드 등이 인간을 중심에 둔 협동 경제를 이끈 대표사례이다. '인간을 희생하는 생산'이 경제를 지배한 것은 불과 300년 사이, 산업혁명이 일어난 뒤의 일이다. 긴 역사에서는 협동조합이 없는 경제가 오히려 예외였던 셈이다. 지금 우리의 협동조합 분출 열기는 비정상의 시대를 극복하려는 자연스러운 복원력의 작용 아닐까? 어찌 보면 2008년의 글로벌 금융위기 또한 극단적인 시장만능주의 시대의 한계를 드러낸 사건이나 다름없다.

흔히 협동조합은 건강한 공동체에서 자라난다고 한다. 마을·학교·교회와 같은 공동의 신뢰를 바탕으로, 꼭 필요한 사업을 꾸려나가는 게 일반적인 협동조합의 탄생 경로이다. 하지만 우리의 공동체는 근대화의 뒷전에서 처절하게 붕괴됐다. 농촌에는 아이 울음소리가 사라졌고 도시의 아파트는 이웃을 상실했다. 조합원 신뢰를 끌어내는 공동체 기반이 약하니, 협동조합의 앞날을 장밋빛으로만 보기 어렵다. 협동조합 자체가 쉽지 않은 기업형태이기도 하다. 민주주의의 원칙을 지키며 기업 활동을 하는 것이 간단한 일이겠는가? 한국 사회에는 두 명 동업도 어렵다는 고정관념 또한 강하게 남아 있다.

협동조합을 둘러싼 환경이 결코 녹록치 않지만, 이 시대가 협동조합에 거는 기대는 한없이 크다. 협동조합 하나를 만들기는 어렵지만, 성공한 협동조합의 파급력은 엄청나다. 협동조합은 다른 협동조합과 협력하면서, 전체 협동조합의 생태계를 키워나가는 속성이 있다. 그렇게 협동조합은 허약한 공동체를 되살리는 불씨 구실을 할 것이다. 경제민주화를 실천하는 전위부대이기도 하다. 소비자와 노동자, 공급자, 지역사회에 대한 기업의 사회적책임은 협동조합의 디엔에이(DNA)다. 협동조합은 골목상권 영세자영업자가 자력으로 경쟁력을 확보할 수 있는 길을 열어준다.

여러 지방자치단체가 협동조합의 역할에 적극적인 관심을 나타내기 시작했다. 협동조합이 마을공동체를 살리고 지역경제를 살찌우는 힘을 낳는다는 감을 잡았다. 바람직한 일이다. 다만, 지자체의 지나친 '개입'은 자칫 독이 될 수도 있다. 황소를 앞에서 억지로 끌어당기면 꿈쩍도 하지 않는다. 뒤에서 엉덩이를 살살 두드려 주어야 한다.

인내심이 필요하다. 한국의 협동조합이라는 사물놀이패는 이제 북과 장구를 배우기 시작했다. 4대 생협을 뛰어넘는 한국형 협동조합의 좋은 모델이 만들어지기까지, 세월이 한참 걸릴 것이다. 이 책에서는 해외의 잘나가는 협동조합과 국내에서 새로 생겨난 협동조합의 사례를 중심으로 전달하는 데 중점을 두었다. 협동조합에는 정답이 없다고 한다. 우리한테 어울리는 사례가 가장 좋은 교과서이다.

이제 협동조합 여행을 떠나보자!

1
인트로: 협동조합 시대

협동조합은 다른 기업이다

　새로운 협동조합의 기운이 강하게 일어나고 있다. 2012년 12월의 「협동조합기본법」 시행이 외견상의 기폭제가 됐다.

　한국 경제는 고용 없는 성장과 양극화의 심한 몸살을 앓고 있다. 저성장의 장기화도 뚜렷이 예고된다. 통계 수치를 보면, 2000년부터 2010년 사이에 2,000대 기업의 매출은 815조 원에서 1,711조 원으로 불어났다. 두 배 이상이다. 같은 기간에 고용은 156만 명에서 161만 명으로, 거의 제자리에 멈춰 섰다. 대기업의 부가 두 배 불어나는 동안 일자리는 늘어나지 않았다. 나라와 기업만 부자가 됐다.

　99%가 느끼는 박탈감은 오히려 더 커지고 있다. 대학을 마치고도 양질의 일자리를 찾지 못한 88만 원 세대가 양산되는 데에다

40~50대 조기 은퇴자들이 쏟아졌다. 이들이 골목상권으로 진출하면서 자영업의 수익성은 떨어지고 있다. 채산성이 나빠진 중소기업에서는 정규직을 비정규직으로 바꾸는 악순환이 벌어진다.

그 반작용이 경제민주화 요구로 나타났다. 재벌 규제가 경제민주화의 대표적인 액션플랜이다. 재벌 3세의 동네빵집 진출을 규탄하고 대형마트의 영업 제한에 나섰다. 하지만 재벌 3세가 매각한 빵집은 상대적으로 규모가 작은 대기업의 손으로 넘어갔을 뿐이다. 대형마트의 영업일수를 조금 줄였지만. 재벌 편의점 점포가 더 빠른 속도로 늘어났다. 동네슈퍼와 재래시장, 동네빵집 같은 골목상권을 살리기에는 뚜렷한 한계가 있다.

이 한계를 극복하려면 어떻게 해야 할까? 자영업자의 소득은 어떻게 늘리고 일자리는 어떻게 만들어야 할까? 경제민주화 요구의 또 다른 모습이 협동조합이고 사회적경제이다. 이원재 전 한겨레 경제연구소장은 『이상한 나라의 경제학』에서 "답은 간단하다. 시장도 국가도 아닌 다른 영역의 경제가 필요해졌다"라고 말한다.

원래 경제는 시장만의 것이 아니다. 국가가 모두 책임질 수 있는 것도 아니다. 그 사이의 어딘가를 찾아내야만 문제를 풀 수 있다. 전통적으로 국가도 시장도 아닌 영역, 즉 시민의 자발적 참여로 이루어지는 경제를 사회적경제라고 부른다. 여기서 해법을 찾아야 할 때가 왔다.

협동조합은 사회적기업과 함께 사회적경제를 구성하는 대표적인 기업형태이다.

새로운사회를여는연구원의 정태인 원장은 극단적인 시장만능주의가 실패하면서 '협동하는 경제'의 물꼬가 터지고 있다고 설명한다. 『협동의 경제학』을 저술한 정 원장은 "그동안 주류 경제학이 우리를 속여왔다. 최근 300년 동안만 인간은 이기적이라고 주장하는 경제학이 세상을 지배했을 뿐이고, 협동은 오랜 인간 진화의 산물"이라고 주장한다. "인간은 이기적이고, 개별 이익이 맞부딪히는 사회적 딜레마를 시장이 아름답게 조정할 수 있다는 믿음은 붕괴했다. 그런 세상은 수학의 가정 속에나 존재하며 인간은 서로 협동할 때만 문제를 해결할 수 있다. 인간이라는 미미한 생물체를 강력한 종으로 만든 것은 바로 협동이다."

우리는 오로지 주주가 기업의 주인이고, 주주의 가치를 극대화하는 것만이 기업이 존재하는 유일한 이유이고 목적인 줄 알았다. 그렇게 배웠고 그렇게 믿는 세상에서 살아왔다. 하지만 정말 그런가? 고정관념을 지우고, 가만히 기업을 들여다보자.

주주 말고도 기업을 구성하는 다양한 이해관계자가 존재한다. 노동자가 없는 기업을 상상할 수 있는가? 작동이 불가능하다. 소비자가 없다면? 물건을 구입할 사람이 없으니 그 기업은 무용지물이다. 원재료의 공급자가 없다면? 생산 활동이 불가능하다.

우리는 오랫동안 한쪽 눈을 감고 살았다. 주주 이외의 다른 이해관계자를 기업의 주인으로 인정하지 않는 것이 당연하다고 생각했다. 그런 세상에 갇혀 있었다. 그 결과 주주(실제로는 대주주)가 모든 것을 차지하고, 인구의 대부분을 차지하는 노동자와 소비자, 공급자가 정당한 제 몫을 얻지 못했다. 1%와 99%로 갈라진 극단적인 갈등사회의 뿌리도 바로 그 지점에서 찾을 수 있다.

협동조합은 주주가 없다는 점에서 '다른 기업'이다. 예를 들어, 좋은 일자리를 얻고 싶은 노동자들이 있다. 그들이 공동으로 출자해 기업설립자금을 모으고, 1인 1표의 민주주의 원칙으로 기업을 운영한다. 노동자(직원)협동조합이다.

소비자는 대형마트나 백화점의 품질과 가격을 믿지 못한다. 늘 경계하고 감시한다. 소비자 일부는 유통업체를 비난하는 데에 그치지 않고, '우리들의 기업'을 세운다. 공동으로 출자금을 모아 가게를 연다. 우리 가게에서 우리 물건을 공급받으니 최고의 품질과 최선의 가격을 믿을 수 있다. 소비자협동조합(생협)이다.

농민들은 땀 흘러 농사짓지만 안정적인 소득을 올리기가 무척 어렵다. 대형 유통업자가 훅 부는 바람에 가격이 폭락한다. 참지 못한 농민들이 공동의 기업을 세운다. 이것이 농업협동조합이다.

제값 받고 농산물을 판매하는 것이 목적이다.

협동조합은 이렇게 다수의 노동자·소비자·(농민)생산자 또는 소상공인이 자기 몫을 지키기 위해 공동으로 출자해 공동으로 운영하는 99%의 공동체형 기업이다. 모든 조합원은 똑같이 1인 1표를 행사하고, 1년 동안 협동조합을 이용한 실적에 비례해 배당을 받는다. 자본을 많이 투자해도 아무 혜택을 누릴 수가 없다. 실제로 사업을 이용하는 조합원 공동의 편익을 극대화하자는 것이 협동조합의 목적이기 때문이다.

그동안 한국 사회는 협동조합의 불모지였다. 이제 협동조합의 싹이 움트고 있다. 글로벌 시장에서는 경쟁력을 발휘하는 협동조합 브랜드가 참 많다. 한국에도 무한한 가능성이 열려 있다. 구체적인 '필요'를 공유하고 '협동'만 잘하면 된다. '협동'이 성공의 요체고, 그것이 가장 어려운 과제이다.

협동조합은 주식회사로 대표되는 자본주의 기업과 평화롭게 공존하는 기업형태이기도 하다. 이탈리아 볼로냐 대학의 협동조합 전문가인 스테파노 자마니(Stefano Zamagni) 교수는 "자본주의 기업과 협동조합기업이 균형을 이루는 경제"를 기대한다. 아무도 협동조합이 기존의 경제체제를 대체한다고 주장하지는 않는다. 자본주의와 공존하면서, 평화로운 경제체제로의 전환을 이끌어간다.

협동조합은 기업 활동을 수행하는 동시에 지역에 기여하고, 좋은 일자리를 유지한다. 경제와 사회의 격차를 줄여나가고 누구나 경제적 게임에 참여할 수 있도록 한다. 통합의 메커니즘을 활성화시키는 속성이 있다. 그래서 협동조합은 가장 생산적이고 효율적인 복지 도구이다. 사회적 약자가 더 가진 자의 부를 재분배받는 방식이 아니라, 직접 생산에 참여하는 과정 자체를 통해 사회적 돌봄을 제공받는다.

협동조합은 최선의 풀뿌리 민주주의 교육장이기도 하다. 사업 현장에서 함께 민주주의를 배우고 실천한다.

생활경제는 협동조합이다

의사 선생님과 믿고 편안하게 상담할 수 있다면, 참 좋겠다. 실제로 그런 병원이 있다. 협동조합병원(의료생협)에서는 환자가 과잉진료를 의심하지 않는다. 의사를 믿고 따른다. 자신이 의료생협을 세운 주인이기 때문이다. 의사도 마음 넉넉하게 일할 수 있다. 의료사고의 스트레스를 받지 않아도 된다. 불신이 큰 사회기에, 의료생협은 앞으로도 더 많이 생겨날 것이다. 절실한 수요가 있다.

한살림·아이쿱·두레·행복중심 같은 생협 이름은 제법 익숙해졌다. 특히 첫 아이를 낳은 젊은 엄마들이 생협 매장을 많이 찾는다. 생협의 먹거리는 신뢰의 보증수표로 자리 잡았다. 도농상생에도 생협은 중요한 역할을 한다. 도시 소비자에게는 안심할 수 있는 먹거리를 제공하고, 농민 생산자에게는 안정적인 소득을 보장해준다. 생협의 신뢰 사업은 탄탄한 상승곡선을 그리고 있다.

새로운 경제의 거대한 기운이 솟아오르고 있다. 협동조합을 비롯한 이른바 사회적경제이다. 사회적경제란 협동조합・사회적기업・마을기업・커뮤니티비즈니스처럼 경제주체가 이윤극대화 이외의 다른 동기로 의사결정을 내리는 경제 영역을 말한다. 탐욕 대신 이타심, 상호성, 협동, 사회적 목적, 명예와 헌신 같은 동기가 이 사회적경제를 움직인다.

우리 주변에도 동네병원(의료생협)과 소매유통(생협) 영역에서는 일찌감치 공동체형 사업체들이 사회적경제의 뿌리를 내려왔다. 미국의 경제학자 데이비드 코튼(David Korten) 박사는 지역사회에서 얼굴을 대면하고 신뢰를 바탕으로 실물을 거래하는, 이른바 생활경제에서는 이윤극대화와 성장만을 보고 경제를 운용해서는 안 된다고 말한다. 종국에는 협동조합이 생활경제 영역에서 지배적인 기업형태가 될 것이라는 믿음을 전한다. 교육・보육・가사・간병 등도 생활경제의 대표적인 영역이다.

유럽의 대규모 생협들은 주식회사인 경쟁 업체와의 시장경쟁에서 앞서나가고 있다. 나라에 따라서는 소매업계 선두 자리를 차지한다. 생협의 성공은 주류 경영학의 합리적 분석으로도 뒷받침된다. 지역 주민의 신뢰를 바탕으로 사업을 벌이고, 그것이 강력한 고객 충성심을 지속적으로 재생산하기 때문이다. 협동조합에서는 고객이 곧 주인, 조합원이자 출자자이다. 주식회사에서 도저히 넘볼 수 없는 경쟁력이자 자산이다. 스테파노 자마니 교수는 "사회책임경영(CSR)은 협동조합의 DNA다. 주식회사에서 사회책임경영을 한다지만 고작해야 고객의 마음을 사기 위해 협동조합의 흉내를 내는 데 그친다"라고 말했다.

생활경제를 이끌어가는 협동조합 생태계의 중심에는 흔히 신용협동조합(신협)이 있다. 영리 금융회사가 협동조합을 외면할 때, 신협은 협동조합 생태계에 혈액을 공급하는 심장 구실을 한다. 대한민국 협동조합의 메카라는 원주에서 탄생한 첫 협동조합도 밝음신협이었다. 서울의 논골신협은 1997년 금호동의 철거민들이 설립했다. 330가구 주민이 1,000원짜리를 3년 동안 꼬박꼬박 모아 3억 원의 신협 설립 출자금을 마련했다. 앞으로 새 협동조합이 많이 생겨날수록 혈액을 보충하는 신협의 역할은 더 커진다.

유럽에서는 협동조합금융(1금융권에 해당하는 협동조합은행과 2금융권인 신협)의 위세가 대단하다. 전체 예금은행의 20% 이상을 점유하고 있다. 2008년 글로벌 금융위기를 겪으면서, 협동조합금융은 도덕성과 경쟁력의 우위라는 두 마리 토끼를 동시에 잡았다. 협동조합은 안전한 금융이라는 등식이 확인되면서 월스트리트나 유럽의 대규모 투자은행에서 빠져나간 자금이 신협 창구로 대거 유입됐다. 1만 개 가까운 미국의 신협은 99%를 위한 금융으로 재인식됐다. 캐나다 퀘벡 주에서는 110년 역사의 데자르댕신협(Desjardins)이 금융계 1위 자리를 탄탄하게 지키고 있다.

도시와 시골의 공동체에 뿌리를 둔 의료생협과 생협, 신협은 대개 조합원들이 같은 마을에 살고 있는 주민들이다. 그래서 신협이나 생협을 이용하던 조합원들이 의료생협을 세우자고 뜻을 모으곤 한다. 협동조합은 반듯한 줄기 하나를 제대로 세우는 게 가장 어렵다. 큰 줄기를 세우고 나면 작은 가지들이 서로 협동하는 힘을 발휘한다. 협동조합이 지역 기반의 생태계를 형성하면, 그 세력은 막강하다.

대표적인 협동조합기업인 스페인의 몬드라곤(Mondragon)이나 스위스의 미그로(Migros)를 보자. 이미 거대한 협동조합 생태계를 이루고 있다. 미그로는 소매업(생협)뿐 아니라 은행·주유소·여행·교육, 심지어는 백화점과 법률상담까지 사업 영역을 이리저리 확장했다. 몬드라곤은 난로제조공장으로 시작해, 판로 확보를 위한 생협과 자금조달을 위한 노동금고(신협)를 이어 설립했다. 몬드라곤과 미그로의 문어발 확장은 세간의 지탄을 받지 않는다. 99%에 해당하는 200만 소비자(미그로)와 8만 노동자(몬드라곤)에게 혜택이 고루 나눠지기 때문이다.

상상력이 넘쳐나는 협동조합

　협동조합은 상상력과 절박함의 산물이라고 한다. 절박함이 상상력을 낳고, 그곳에서 협동조합이 탄생한다. 한국에서도 「협동조합기본법」이 시행되면서, 다양한 협동조합이 쏟아지고 있다. 억눌렸던 공동체 사업의 잠재욕구가 분출하는 것이다.

　서울에는 424개의 행정동이 있다. 인구 1만 명마다 한 개의 생협을, 그래서 각 동마다 두 개의 생협이 들어서는 아름다운 상상을 해보자. 생협 설립의 기초 단위는 아파트가 될 것이다. 1,000가구 이상의 아파트라면 독립적인 한 개의 생협을 꾸릴 수 있다. 아파트 생협의 조합원은 의료, 공동 육아, 도시농업, 단지 내 택배와 세차, 생활수리와 같은 다양한 협동조합 사업을 발전시키는 기초 단위가 된다. 아파트 협동조합은 도시의 공동체를 회복하고 풀뿌리 민주주의를 일상에서 경험하는 살아 있는 교육장 구실도 톡톡히 할 것이다.

　골목상권의 자영업자는 협동조합의 공동 행동에서 활로를 찾고 있다. 부산에서는 동네슈퍼의 점주들이, 대구에서는 동네빵집 주인들이 협동의 사업체를 조직했다. 동네의 세탁소, 치킨집 자영업자가 경쟁력을 확보할 수 있는 유일한 방책은 협동조합이다. 공동 브랜드로 마케팅 역량을 강화하고, 공동구매로 비용을 절감할 수 있다. 서울 광진구의 중곡재래시장 상인들은 2004년부터 일찌감치 협동조합에 눈을 떴다.

특수고용직 노동자는 노동권 보호의 사각지대에 방치돼 있다. 여기에도 협동조합이 대안이 될 수 있을까? 2012년 말, 수도권의 대리운전 기사들이 '우리들의 기업'을 세웠다. 콜 회사에 떼이는 20%의 수수료율을 낮추고, 열악한 근무 여건을 개선하는 것이 대리운전협동조합 설립의 1차 목표이다. 대리운전 기사들이 지금보다 행복해지면, 서울시민의 밤 귀갓길도 안전해질 것이다. 전국의 10만 대리운전 기사와, 비슷한 처지의 택배기사와 화물지입차주, 학습지 교사 등이 이들의 성공을 지켜보고 있다.

미국 선키스트(Sunkist)의 사명에는 "혼자서 할 수 없는 일을 여럿의 힘으로 해낸다"는 멋진 표현이 들어 있다. 전자출판사를 꿈꾸는 젊은이 여덟 명은 롤링다이스라는 협동조합 출판공동체를 조직했다. 개인사무실을 꾸리는 세무사와 법무사도 공동의 협동조합 법인 설립을 준비한다. 전문직 종사자도 마음 맞는 이들과 동업을 하면 공동의 경쟁력을 키울 수 있다.

폭리가 만연한 상조업계에서 2012년 말에 첫 협동조합 사업체가 등장했다. 일반 상조회사에서 수십만 원대부터 판매하는 수의를 수만 원대에 공급한다. 정보 비대칭으로 빚어지는 '바가지'를 없앴다.

전통술을 고집하는 소규모 장인은 협동조합으로 판로 개척에 나선다.

이동통신 소비자의 공동 행동도 주목된다. 100만 명 조합원 가입을 목표로 한다. 한국형 거대 협동조합이 탄생할 수 있을지 시험대에 올랐다.

협동조합은 도시의 주택문제를 해결할 수 있는 대안으로 검토되고 있다. 북유럽 선진국에서는 주택의 30~40%가 협동조합으로 공급된다.

해피브릿지라는 잘나가는 프랜차이즈 중견기업의 창업자들은 노동자협동조합 전환에 나섰다. 창업자들이 기득권을 던졌다. 회사 순자산의 3분의 2를 장기 근속자와 협동조합 공동의 몫으로 넘겼다.

사회적협동조합은 효율적이면서도 생산적으로 복지를 추진하는 조직으로 인정받는다. 자발적이고 혁신적인 젊은이의 참여로 절반의 예산을 투입해 두 배 이상의 효과를 올리는 성과를 낳을 수 있다. 복지 수혜자는 단순히 부를 재분배받는 게 아니라 생산과정에 직접 참여함으로써 자존감을 높인다.

협동조합은 교육으로 시작해 교육으로 끝난다는 말이 있다. 학교에서 협동조합 경제를 배워야 하고, 협동조합의 가치를 체험하는 기회가 학교의 생활공간에서 제공돼야 마땅하다. 이미 협동조합 방식의 학교 설립과 대안학교의 협동조합 전환이 추진되는가

하면, 학교 매점을 학부모 중심의 협동조합으로 운영하는 움직임이 일어나고 있어 기대된다. 실제로 영국에서는 2008년 이후 400개 이상의 일반 학교가 협동조합학교로 전환했다. 협동조합학교에서는 교사와 학부모, 학생들이 조합원 총회를 열어 아이들 교육의 모든 것을 스스로 결정한다.

협동조합의 앞길은 순탄치만은 않다. 한국에는 두 사람 동업도 어렵다는 고정관념이 있다. 민주주의 방식으로 기업해본 경험도 일천하다. 무임승차와 1인 1표의 비효율로 인한 협동조합의 실패 가능성을 우려하는 목소리가 작지 않다.

법 제도와 경제 관행 또한 협동조합에 불리한 것투성이다. 금융권에서는 협동조합과의 거래를 막연하게 기피한다. 협동조합이 기업이라는 인식이 아직은 없기 때문이다.

협동조합은 숙성이 필요한 사업체이다. 민주주의 가치가 기업의 문화로 배어들어야 하고 사업의 경쟁력도 확보해야 하는, 숙명적인 이중성을 장점으로 승화시켜야 한다. 둘 중 어느 하나가 희생되는 순간, 협동조합은 본성을 잃고 정체성이 사라진다. 경제적 가치와 사회적 가치의 역동적인 균형을 유지하면서 서로를 보완해나가야 한다. 협동조합 지도자들과 경영자들의 어깨가 한없이 무겁다. 그들만의 힘만으로 풀어나가기에는 역부족이다.

이제 모두 함께 나서야 할 때다. 먼저 협동 문화를 형성해나가

자. 협동조합을 설립한다면서도, 협동 문화에 몰이해한 사람들이 적지 않다. 협동조합을 같이 할 수 있는 동료를 찾기가, 참 어렵다. 협동조합이 뭔지 설명하다가 힘이 다 빠진다. 사과를 만져본 적도, 먹어본 적도 없는 사람에게 사과가 무엇인지 설명하기는 어렵다. 사과 만드는 일에 인생을 걸자고 하기는 더더욱 어렵다. 교과서에서 협동조합을 가르치고 일상생활에서 협동이라는 '사과'를 맛볼 수 있어야 한다. 사회로 첫발을 내딛는 젊은이들이 협동조합을 삶의 선택지 중 하나로 떠올릴 수 있어야 한다. 공교육과 생활 현장에서 협동조합을 맛볼 수 있는 기회를 풍성하게 만들어야 한다.

 안정적인 자금조달을 뒷받침하는 일은 당장의 절박한 과제이다. 한국에 어울리는 벤치마킹 모델로 떠오르는 캐나다 퀘벡에서는 데자르댕신협의 역할이 절대적이었다. 지방정부도 능동적인 역할을 했다. 노동계, 시민사회와 함께 적극적인 협동조합 생태계 공동 구축에 나섰다.

2

한국의 협동조합(1)

 협동조합 설립이 봇물 터지듯 이어지고 있다. 기획재정부와 한국보건사회연구원은 「협동조합기본법」이 시행된 2012년 12월 이후 2013년 말까지 1년 동안 최소 2,704개에서 최대 3,386개의 협동조합이 탄생할 것으로 내다봤다. 2017년까지 5년 동안에는 최소 8,039개, 최대 1만 421개의 협동조합기업의 탄생이 예상된다.

 한국보건사회연구원의 이철선 박사는 "중장기적으로는 협동조합이 우리나라 5인 이상 기업 60만 개의 10%에 해당하는 6만 개 기업을 차지하게 될 것"으로 예상했다. 협동조합의 일자리 창출 효과는 2017년까지 3만 7,000~4만 9,000개에 이를 것으로 추정된다.

 전문가들은 대리운전·택배·방문교사와 같이 업무의 동질성이 높은 분야, 장례·의료·육아처럼 정보 비대칭으로 인한 폐해가 심한 분야, 사회적 요구와 복지 수요가 커지고 있는 보건의료와 주택, 에너지 분야에서 협동조합이 많이 생겨날 것으로 예상한다. 이동통신 소비자들의 공동 행동은 거대 소비자협동조합의 출범 가능성을 보여준다. 아무도 생각지 못했던 상상력 넘치는 협동조합 기업들도 선을 보일 것이다. 정재돈 한국협동조합이사장은 "대한민국에서 협동조합은 고용 없는 성장과 양극화를 극복하고 취약한 풀뿌리 민주주의를 함양하는 데 큰 역할을 할 것"이라고 기대했다.

한국의 협동조합을 두 개 장으로 나눠 소개한다. 2장에서는 「협동조합기본법」 이전부터 활동하던 협동조합을 찾아간다. 생협과 의료생협 및 일부 모범적인 신협이 주인공이다. 관제 협동조합이란 지적을 받는 농협 중에서도 건강한 도전에 나서는 사례가 나타나고 있다. 3장에서는 「협동조합기본법」 이후 봇물 터지듯 등장한 새로운 협동조합의 다양한 사례를 소개한다.

생협, 대한민국 대표 협동조합

우리에게도 자랑스러운 협동조합이 있다. 한살림·아이쿱·두레·행복중심으로 대표되는 4대 소비자생활협동조합(생협)이다. 소규모 생협들도 속속 생겨나고 있다. 협동조합의 건강성을 지키면서 기업으로도 어느 정도 안착한, 명실상부한 대한민국 대표 협동조합이다. 반관반민의 틀에 안주하는 농협이나 수협 등과는 뿌리부터 다르다.

생협은 안전한 농산물을 '착한 가격'으로 공급한다. 이윤과 비용을 최대한 줄여 농민들에게도 좋은 가격을 보장한다. 농민은 가장 안전한 농산물을 책임지고 생산한다. 그래서 생협 하면 가장 먼저 떠올리는 키워드는 믿음이다. 첫 아이를 낳은 산모들이 가장 먼저 생협 매장을 찾는다고 한다. 그만큼 무한 신뢰를 확보하면서, 생협은 조합원이 조합원을 부르는 착한 마케팅의 선순환을 일으키는 데에 성공했다. 4대 생협의 총매출은 2011년 말에 무려 6,100억 원대에 이르렀고, 조합원은 57만 명을 넘어섰다.

2012년 9월 초순, 서울 마포구 용강동의 한살림 매장에는 오전 10시에 가게 문을 열기가 무섭게 스무 명 남짓 주부들이 쏟아져 들어왔다.

"15분 전부터 가게 문 열기를 기다렸어요. 과일과 채소는 아침 일찍 동나거든요. 지금처럼 물가가 폭등해도 생협 가격은 오르지 않아요"(마포구 현석동의 30대 주부 김아무개 씨). "여기 장보러 오면 행복해요. 두부와 과일 맛이 확실히 다르고, 모두 유기농이어서 믿을 수 있잖아요. 날마다 오고 싶어요." 매장 근처에 산다는 김송희 씨는 신선채소에다 닭다리 순살, 김, 재첩국, 찹쌀가루까지 장바구니 가득히 먹거리를 담았다. "40분을 걸어와서, 매장 문 열기를 기다렸다"는 70대 중반의 정 아무개 씨(마포구 도원동)는 "이만하면 며칠 푸짐하게 남편과 외손녀 먹일 수 있겠다. 맛이 좋고, 유기농인데도 값이 싸다"며 행복한 웃음을 지었다. 정복희 씨(마포구 공덕동)는 "집 가까이 이마트 매장이 있지만, 먹거리 살 때는 꼭 한살림을 찾는다. 이곳 유정란이 최고"라고 치켜세웠다.

60m² 남짓한 작은 매장에서 오전 30분 동안에 올린 매출만 90만 원이었다. 매장 관리를 담당하는 이승희 씨는 "폭염과 태풍으로 신선채소 물가가 폭등할 때면 가게 손님이 더 많이 늘어난다"라고 말했다. 모두 유기농이지만 시중 가격이 폭등할 때는 대형마트의 농약 친 농산물보다 생협 가격이 훨씬 더 싸다. 한살림의 이용건 농산팀장은 매장 가격이 오르지 않는 이유에 대해 "한살림에서는 한 해 가격을 파종하기 전에 생산자와 함께 모여 결정하고, 다음 1년 동안 그 가격을 지킨다"라고 말했다. 오랫동안 신뢰를 쌓아왔기 때문에 생산농가에서는 폭등기에도 애초의 낮은 약정가격대로 공급한다는 것이다. 대신 폭락기에는 높은 약정가격으로 한살림에서 구매한다.

생협 매장에서 더 좋은 물건을 더 낮은 가격으로 공급할 수 있는 이유는 또 있다. 3만 원의 출자금을 낸 조합원들이 충성 고객집단을 형성하는 것이다. 그러니 거액의 광고홍보비를 들일 필요가 없고 임대료 비싼 목 좋은 곳에 매장을 열지 않아도 된다. 조합원들이 제 발로 찾아온다. 신뢰의 힘이다.

협동조합의 기운이 높아지면서, '아파트 하나마다 생협 하나를 세우자'는 목소리가 확산되고 있다. 유기농 먹거리 사업을 넘어, 주민 조합원들이 필요로 하는 생활경제 전반으로 생협 사업을 확장해나가는 모습도 기대된다.

신협은 진정한 서민금융

생협 말고도 건강한 협동조합이 또 있다. 신용협동조합(신협)이다. 1997년의 외환위기 이후 1,000개에 가까운 대다수의 지역 신협들이 협동조합의 정체성을 잃었다는 아쉬움은 있다. 하지만 강원 원주의 밝음신협, 충남 홍성의 풀무신협, 서울 금호동의 논골신협, 경기 안산의 화랑신협과 성남의 주민신협 등은 협동조합의 가치와 기풍을 든든하게 지켜나가고 있다.

신협은 다른 제2금융회사들과는 유전자가 다르다. 저축은행은 사채업자 양성화의 산물이고, 새마을금고는 1970년대 초에 신협을 본떠 만든 '관제 신협'에 가깝다. 이에 반해 신협은 돈벌이가 목적이 아니고 상향식 민주주의에 뿌리를 둔 경제조직이다. 조합원 스스로 고리채를 극복하자는, 공동의 선한 의지가 모인 건강한 서민금융기관이다. 지역사회 발전에 기여하는 것을 사명으로 삼는다. 협동조합 생태계에서 '혈액'을 공급하는 심장 구실도 한다.

강원도 원주 지역은 대한민국 협동조합의 메카로 불린다. 원주

〈그림 2-1〉 경기 안산의 화랑신협

협동조합의 맏형은 1971년에 서른두 명의 주민 출자로 설립된 밝음신협이다. 밝음신협은 서민 고리채의 해결사를 자임하는 데 그치지 않고, 지역 공동체와 협동조합 생태계를 끌어가는 견인차 구실을 톡톡히 해내고 있다. 한살림 생협이 1985년 원주에서 탄생할 때도 밝음신협이 결정적 구실을 했다. 자금을 뒷받침하고 지역 주민의 한살림 가입 홍보에 앞장섰다. 2002년에는 한살림과 힘을 합쳐 원주의료생협을 탄생시켰으며, 그 뒤로 19개 협동조합과 사회적기업의 생태계로 발전한 원주협동사회경제네트워크를 끌어나가고 있다.

강원도 원주에 밝음신협이 있다면, 경기도 안산에는 화랑신협이 있다. 김상열 화랑신협 이사장은 "1990년에 타지에서 들어와 고잔역 앞 근처 달동네에서 살던 열여덟 명의 주민이 서로 돕고 살자고 안산소비자협동조합을 세웠고, 그것이 화랑신협과 이곳 여러 생협들의 뿌리가 됐다"라고 말했다. 화랑신협은 지역의 협동조합들을 상대로 교육과 인큐베이팅, 자금 공급 등에 나서는 등, 협동조합들 간의 협동을 주도하고 있다. 2009년에 문을 연 고잔동 우리생협치과의 진료 공간을 무상 임대로 제공해 초기 정착에 큰 힘을 보탰다.

안산사회복지사협회의 장지훈 사무국장은 "화랑신협을 동네금고처럼 생각해, 회계나 자금 운영 같은 것을 마음 편하게 의논하라고 사람들한테 조언한다"라고 말했다. 화랑신협의 주영덕 감사실장은 협동조합과 사회적기업의 인큐베이팅을 지원하는 '협동조합학교'의 교장 노릇을 한다.

서울 금호동의 논골신협도 빼놓을 수 없다. 1997년 달동네의 철거민 330명이 3년 동안 3억 원을 모아, 최소 설립 출자금 3억 원을 마련했다.

"그때 생각하면 눈물 납니다. 동네마다 출자위원들이 매일 바구니를 들고 다녔습니다. 1,000원이라도 생기면 출자금으로 적립하도록 했지요. 그렇게 어렵게 피눈물 나는 돈 3억 원을 모았습니다.

전국에 1,000개 가까운 신협이 있지만, 우리처럼 경제적 자립 의지가 살아 있는 신협이 많지는 않아요."

설립 당시를 회고한 유영우 이사장은 신협 발전을 위한 구체적인 정책 대안도 적극적으로 내놓았다.

"금융당국의 인식부터 바뀌어야 합니다. 우리 신협을 돈놀이하는 다른 제2금융권과 똑같이 취급해 규제하고 있어요. 예를 들어, 논골신협 건물 아래층에 성동두레생협 매장이 있는데, 우리가 대출을 해주고 싶어도 못해요. 신설 협동조합에 출자하는 것도 제한되지요. 신협이 진정한 서민금융 구실을 할 수 있도록, 금융당국이 부적절한 규제를 풀어야 합니다."

다행히 2013년 12월의 「협동조합기본법」 발효 이후 신협 내부에서도 협동조합의 정체성을 되찾자는 건강한 변화의 기운이 확산되고 있다. 서울의 동작신협, 은평신협, 성북신협과 경기 평택의 안중제일신협은 자기 지역의 협동조합들을 끌어가는 일에 제대로 나서고 있다. 은평신협 김상백 이사장은 다음과 같이 말한다.

"신협은 협동조합 간의 협동에 적극 나서야 합니다. 그것이 우리가 잠시 놓치고 있었던 신협의 존재 이유입니다."

'3분 진료' 사라진 의료생협

경기도 안산시 고잔1동의 화랑신협 건물 2, 3층에는 2009년에

문을 연 우리생협치과가 있다. 진료용 의자가 여덟 개이고 의사가 두 명, 치과위생사가 여덟 명이나 되는 만만찮은 규모이다.

"모두 친절하고, 가격이 마음에 쏙 들어요. 다른 치과에 가면 강요받는다는 느낌이 드는데, 여기 선생님은 자세하게 설명해주시고, 환자가 선택할 수 있도록 편하게 대해주세요. 너무 좋아요."

대기실에서 차례를 기다리던 장미옥 씨는 속사포처럼 칭찬을 쏟아냈다. 장씨는 시댁 형님의 입소문을 듣고 멀리 시화에서 찾아왔다.

"좋은 재료 값싸게 쓰니까 우리 스스로 떳떳해요. 다른 치과는 위생사가 자주 바뀌는데 여기는 일하는 분위기가 참 좋아요. 원장 선생님이 옆집 아저씨 같거든요. 마을모임(조합원 간담회)에도 원장님과 우리 위생사들이 자리를 같이해요. 똑같은 조합원이잖아요." 정민재 위생사의 표정이 밝고 당당했다.

주민들의 사랑을 듬뿍 받는 우리생협치과는 개원 이듬해인 2010년부터 흑자 기조를 이어가고 있다. 우리생협치과가 활기를 띠면서 적자로 몸살을 앓던 안산의료생협의 경영도 덩달아 호전됐다.

강원도 원주시 중앙동 '밝음의집' 건물 3층에는 밝음한의원이 있다. 진료를 기다리던 70대 할머니는 "여기가 내 안방"이라고 자랑했다.

"아들 같은 원장 선생님이 참 좋아. 우리 같은 노인네가 자꾸 물어도 귀찮아하지 않지. 큰 병원처럼 약보따리 안기지 않고, 꼭 필요한 약만 처방해."

대기실 벽에는 '환자의 권리장전'이 걸려 있다. 밝음한의원은 원주의료생활협동조합에서 세운 '협동조합병원'이다. 단구동의 우리동네의원도 원주의료생협에서 운영한다.

2012년에는 여성주의(페미니즘) 기치를 내건 의료생협이 탄생했다. 서울 역촌동에 자리 잡은 살림의원이다. 추혜인 원장은 "처음에는 20~30대 비혼 여성주의자들이 모여 여성주의 의료공동체를 꿈꿨는데, 점점 지역 건강공동체를 잘 꾸려가는 것이 여성주의의 실천이라는 생각을 갖게 됐다"라고 말했다.

살림의원이 꿈을 꾸고 뜻을 모아 실행에 옮기는 데까지 4년의 시간이 걸렸다. 텃밭 가꾸기와 운동 같은 소모임부터 먼저 꾸렸다. 아프기 전에 건강을 지키고 삶을 바꾸기 위한 마을 건강공동체의 실천을 한 셈이다. 살림의원에서는 의사들이 항생제를 무조건 쓰지 않는 것이 아니라 '제대로' 쓰는 것이 중요하다는 점, 조금 몸이 나아진다고 함부로 약을 끊으면 안 되는 이유도 설명해준다. 추 원장은 "'3분 진료'를 하는 일반 병·의원은 개인이 투자해 병원을 세우고, 빚을 갚기 위해 수익을 창출해야 하는 왜곡된 구조이고, 병원이 실패하면 환자의 모든 기록과 병력 관리가 없어진다"라고 지적했다.

국내 의료생협의 선구자는 안성의료생협이다. 1986년 경기 안성으로 농촌 의료봉사에 나섰던 의대생들이 시골 청년들과 단단한 인연의 끈을 맺었다. 의대생들이 대학을 마치고, 청년들이 설립 출자금을 조성하고 주민 조합원을 모으기까지 적지 않은 세월이 흘렀다. 1994년 4월, 국내 최초 의료생협인 안성의료생활협동조합의 1호 병원(안성농민의원·한의원)이 탄생했다.

용진농협, 도농 상생의 모델

농민은 공판장에서 상추 4kg을 넘기고 1만 원을 받는다. 소비자는 같은 상추를 며칠이 지나 3만 원에 산다. 소비자는 시든 상추 값으로 3만 원을 지불했는데, 고작 1만 원을 손에 쥔 농민은 항상 가난하다. 한국의 현실이다.

소비자가 2만 원을 치르고, 농민이 2만 원을 고스란히 가져가는 기적 같은 일이 일어났다. 전북 완주 용진농협의 로컬푸드직매장 이야기이다. 이웃나라 일본에는 이런 매장이 1만 곳이나 있는데, '그날 수확한 농산물을 그날 매장에 내놓아 최고의 신선함을 유지한다'는 거래 방식이 가까운 전주 시내의 소비자들을 감동시켰다. 유통 마진의 거품을 100% 걷어내, 소비자가격을 절반이나 떨어뜨리고 농가소득을 두 배로 늘렸다. 5~10분 거리의 농가에서 직접 농산물을 가져오니 이산화탄소 배출 또한 크게 감축된다.

"꼬박꼬박 월급 받는 느낌이 좋아요. 그것도 두 배로. 우리 농민이 매장 농산물을 직접 소포장하고 가격도 스스로 매겨요." 이양순·진순 자매는 전북 완주의 최고 유기 농사꾼이다. 새벽마다 농장에서 갓 수확한 상추를 싣고 5분 거리의 로컬푸드직매장으로 달린다. 작은 묶음으로 포장하고 바코드 가격표를 붙인 다음 두 자매의 몫으로 배정받은 작은 매대에 진열한다. "지난 주말에는 하루 세 차례 상추를 날랐어요. 신기하게 잘 팔리는 게 마술에 걸린 것 같아요."

초보 농사꾼인 같은 용흥리의 이금이 씨에게 로컬푸드직매장의 출현은 기적 같은 일이었다. "로컬푸드직매장 안에 내 개인 매장이 생겼지요. 그게 없었다면 보따리 이고 시장으로 나갔겠죠. 지금은 겨울에 무얼 내놓을까, 행복한 고민을 하고 있어요." 판매 대금은 월요일마다 통장으로 꼬박꼬박 입금된다.

소비자의 반응은 폭발적이다. 매장이 좁아 주말이면 어깨와 어깨가 부딪친다. "확실히 싱싱해요. 값도 싸죠. 집 근처에 롯데마트가 있지만 매주 한두 차례 꼬박꼬박 여기로 옵니다. 용진농협 로컬푸드직매장을 가보라고, 입소문을 내고 다녀요." 전주시 송천동에서 왔다는 40대 주부 김미옥 씨의 말이다. 아파트 주부들이 자동차 한 대에 나눠 타고 '단체 소비'를 하러 오는 모습도 눈에 띈다.

용진농협의 이중진 차장은 "그날 따서 가장 잘 익은 토마토와 자

〈그림 2-2〉 용진농협의 로컬푸드직매장

두, 상추를 맛볼 수 있는 곳은 우리 로컬푸드직매장밖에 없을 것"이라고 자랑스러워했다. 달걀(유정란)의 유통기한은 3일로 잡고 있지만 실제로는 그날 것만 팔고 있다. 두부와 만두 같은 가공품도 하루를 넘기지 않는다. 일반 대형마트 매장에서는 흔히 덜 익은 과일을 따서 하루 이틀 걸려 들여와 저장고에서 3~4일이나 1주일 이상 묵혀두고 판다. 맛과 싱싱함에서 비교할 수가 없다.

용진농협의 로컬푸드직매장은 주간 매출이 1억 5,000만 원대에 이르고 있다. 280㎡에 불과한 면 단위 작은 매장에서 인구 40만 중소도시 대형할인 매장의 평균 매출(연 40억 원대)을 능가하는 무서

운 기세를 올리는 것이다. 180여 농가가 매장에서 올리는 평균 수입만도 월 300만 원을 넘어선다.

한국에는 전국에 1,000개 이상의 단위농협이 있다. 농협마다 용진농협 같은 로컬푸드직매장을 1개씩 만들어도 1,000개가 넘는다. 농협이 나서기만 하면, 농가 소득을 두 배로 끌어올릴 수 있다. 도시 소비자에게 가장 신선한 농산물을 더 싼값에 공급할 수 있다. 왜 못하는가? 농협이 조합원을 정성으로 섬기지 않기 때문이다. 어떻게 바꿔야 하나? 진정한 협동조합으로 거듭나면 된다. 도농상생의 길은 가깝다.

3
한국의 협동조합(2)

협동조합, 골목상권 살린다

 무너지는 골목상권의 영세 자영업자들이 협동조합에서 활로를 찾고 있다. 2012년 말 부산에서는 동네슈퍼 점주 수백 명이 뭉쳤다.

 "1년 4개월 동안 착실하게 준비했습니다. 우선은 중소기업청 지원을 받는 '나들가게' 중심으로 모였어요. 2013년 말까지 600명의 점주를 조합원으로 확보할 거예요."

 '동네슈퍼협동조합'(가칭) 설립을 이끌고 있는 장남권 추진위원장의 말이다.

 이들은 협동조합 공동 브랜드를 구축하고 공동구매로 비용을 절감한다는 계획이다. 상품 구색이 처진다는 동네슈퍼의 약점 보완을 위해, 기존의 생협처럼 과일·야채와 육류, 생선 등의 온라인 거래를 활성화할 생각이다. 우선 임시 집하장을 활용하고 2013년 7월부터는 신설 물류센터를 운영할 예정이며, 600개의 점포를 중심으로 지역 소비자들을 600개의 소비자협동조합으로 묶는 방안도 구상하고 있다.

장 위원장은 "직거래와 온라인 거래를 확대해, 소비자가격을 대형마트보다 15% 정도 떨어뜨릴 수 있을 것 같다. 이발소와 미용실, 동네빵집과도 협의체를 만들어 지역 소비자를 상대로 공동 마케팅 하는 방안을 강구할 것"이라고 말했다. 동네의 다양한 자영업자들을 한데 묶어 공동의 마케팅 역량을 극대화하는 '협동조합 간의 협동'을 꿈꾼다.

대구 서구에서는 2011년부터 동네빵집 여섯 곳이 협동조합 도전에 나섰다. 대구 서구청의 지원을 받아 공동 브랜드 '서구맛빵'을 개발했다. 1년 만에 원재료 비용을 20%까지 줄이고 매출이 30%가량 늘어나는 뚜렷한 효과를 누리고 있다. 정식으로 협동조합을 설립하면 중소기업으로 인정받아 저금리 대출과 마케팅 비용 지원도 받을 수 있을 것으로 기대한다. 최신 기계를 공동구매하고 대기업과 맞서는 적극적인 공동 마케팅에도 나선다는 구상이다.

사실 동네빵집은 경쟁 우위를 차지할 수 있는 좋은 자산을 갖추고 있다. 가장 신선한 재료로 그날 구운 빵을 팔 수 있다. 하지만 자신의 장점을 살리려는 노력을 다하지 못했고, 그동안 단점을 극복할 수 있는 길도 찾지 못했다. 대량생산, 대량공급 체제인 대기업 프랜차이즈는 대규모 공장에서 공급받은 냉동 빵을 사용한다는 한계가 분명하다. 서구맛빵처럼 공동구매로 비용을 떨어뜨리고, 한 걸음 더 나아가 그날 구운 빵을 팔기만 한다면, 동네빵집의 미래는 결코 어둡지 않다.

서울 광진구 중곡제일시장은 재래시장 협동조합의 성공 사례로 꼽힌다. 박태신 조합장은 2004년부터 상인협동조합을 만들어 시장 건물을 사들이고 공동 브랜드로 대형마트에 대항하자고 외치고 다녔다. 그때만 해도 꿈같은 이야기로 치부됐지만, 이제 협동조합의 위력이 현실로 나타나고 있다. 중곡제일시장은 '아리청정'이라는 브랜드로 참기름·양념가공육·건어물 등을 팔고 있으며, '아리청정' 온라인 쇼핑몰도 개장했다. 매달 내는 출자금을 높이겠다는 조합원도 나오고 있고, 2012년에는 조합 설립 뒤 처음으로 6% 배당도 실시했다. 떡집과 전·반찬 가게와 연계한 '제사상 차리기' 서비스도 자리를 잡아가고 있다.

세탁소와 치킨집 같은 자영업 또한 협동조합의 공동사업 및 공동 브랜드 효과를 크게 누릴 수 있는 대표적인 사업으로 꼽힌다.

대리운전자부터 화물차주까지

대리운전자·택배기사·학습지 교사·화물지입차주와 같은 특수고용직 노동자들은 노동권 보호의 사각지대에 몰려 있다. 「근로기준법」의 노동권을 보호받지 못해, 노동조합 결성도 어렵다. 전국의 특수고용직 노동자들이 협동조합 설립에 나서고 있다. '우리들이 출자하는 우리들의 협동조합기업'을 세워, 경제적 권익을 지키겠다는 행동에 들어간 것이다.

수도권의 대리운전자 100여 명은 「협동조합기본법」이 시행되던 첫날 서울시에 한국대리운전협동조합 설립신고서를 제출했다. 서울시에 신고 접수된 대한민국 협동조합 1호이다. 이창수 조합장은 다음과 같이 밝혔다.

"이제 대리운전자들도 우리를 위한 기업을 운영하겠습니다. 1년 전만 해도 꿈도 못 꿨죠. 대리운전자들은 모이는 것조차 힘들잖아요. 협동조합이 뭔지, 그게 기업인지도 몰랐습니다. 재단법인 행복세상이 새벽에 회의할 수 있는 사무실을 제공하고, 정관 제정도 도와주었습니다. 우리 혼자였다면 어려웠을 겁니다."

대리운전협동조합의 설립 목적은 열악한 근무 환경을 개선하는 것이다. 대리운전자들은 저녁 8시부터 새벽 3~4시까지 일하고, 월 200만 원 정도의 수입을 올린다. 그런데 그중 20%를 콜회사에서 떼어간다. 여러 콜회사의 보험에 중복 가입해야 하는 부담도 고스란히 대리운전자들이 떠안는다. 고객의 불친절 항의라도 들어오면, 소명할 기회도 없이 벌금을 물거나 퇴출당하고 만다. 그 결과로 서비스 질의 하락으로 이어지고, 시민의 불편과 불만이 가중되는 악순환이 벌어지는 것이다.

대리운전협동조합은 2013년 초부터 본격적인 사업에 들어가면서 조합원을 계속 확충해나가고 있다. 3월부터는 자체 콜센터를 운영한다. 대리운전협동조합의 설립을 후원한 행복세상의 김성호 이사장은 "대리운전협동조합 결성은 작은 첫걸음이지만 양극화 시대의 위대한 도약이다. 더 많은 협동조합의 불씨를 지피는 계기가 될 것"이라고 기대했다.

서울에서 대리운전협동조합이 설립되면서, 다른 지역의 대리운전자들도 협동조합 설립 움직임을 보이고 있다. 이창수 조합장은 전국의 10만 대리운전자들이 지역별 협동조합 브랜드로 대한민국 시장을 지배하는 꿈을 꾸고 있다. "대리운전자들이 행복하고, 고객들에게도 더 친절한 협동조합기업을 만들겠습니다."

택배(퀵서비스) 기사들도 한국퀵서비스협동조합 설립에 나섰다. 택배 기사들은 1만 원짜리 택배 물건을 처리할 때 77%를 자기 몫으로 가진다. 23%는 택배 회사의 수수료로 빠져나간다. 기름 값과 통신비 부담도 택배 기사의 몫이어서 실제 손에 쥐는 금액은 5,000원 정도에 불과하다. 수수료를 지금의 23%에서 15%로 낮춘다는 것이 퀵서비스협동조합 설립의 1차 목표이다.

정재돈 한국협동조합연구소 이사장은 "화물연대 노동자들에게도 협동조합이 좋은 대안이 될 수 있다"라고 말한다. 화물차·지입 차주들이 공동 출자로 협동조합을 세운다면 자신의 몫을 지금보다 훨씬 더 많이 가져갈 수 있다는 것이다. 중간 단계마다 새나가는 수수료를 화물차주의 몫으로 찾아올 수 있기 때문이다. 지역 단위로 차근차근 협동조합을 세워나가면 전국 단위 화물차주협동조합 설립도 불가능하지 않다고 본다.

출판인, 세무사, 법무사도

자본 집약적인 사업 분야에서는 주식회사의 효율성이 돋보인다. 자본조달에 유리하기 때문이다. 반면에 1인 1표의 협동조합 방식은 노동 집약적인 사업에서 흔히 생겨나지만, 선진국에서는 지식사업 분야의 협동조합기업도 드물지 않다. 출판인이나 세무사, 법무사 같은 전문직 종사자들이 협동조합으로 공동 마케팅을 벌이거나, 연극이나 음악 분야의 영세한 예술인들도 협동조합 설립에 나서곤 한다.

우리나라에도 영세한 출판사가 많다. 1인 출판사도 드물지 않다. 기획·편집·교열과 영업까지 혼자서 다 해낸다. 능력도 있고 아이디어도 있지만 투자할 자본이 없으니, 달리 방도가 없다. 하지만 길이 아주 없는 것은 아니다. 협동조합으로 머리와 가슴, 자본을 합치면 된다.

롤링다이스는 2012년 여름에 설립된 전자책 전문 출판사이다. 여덟 명의 조합원이 의기투합했다. 2009년 한 출판사가 운영하는 철학 공부모임에서 서로를 처음 알게 됐다.

"세상은 못 바꿔도 우리 삶은 바꿀 수 있지 않을까 생각했습니다. 공동으로 출자하고 공동으로 운영하는 노동자협동조합을 만들자고 뜻을 모았지요."

외국계 사모펀드를 그만두고 롤링다이스를 이끌고 있는 제현주 공동대표의 말이다.

여덟 명의 공동대표들은 각자 100만 원씩 출자해 2년 기한의 동업계약서를 작성했다. 「협동조합기본법」이 시행되기 전이어서, 우선은 사실상의 협동조합 방식으로 꾸려나가기로 했다. 주요 안건은 만장일치로 결정하고, 스스로 평가한 일의 양에 따라 수익을 배분한다는 원칙을 정했다. 2년 안에 여덟 명이 상근할 수 있을 정도로 롤링다이스의 사업을 안정화시키는 것이 당면 목표이다. 당장은 각자 웹서비스 기획자, 출판 편집자, 시민단체 활동가 등의 직업을 겸하고 있다.

롤링다이스는 전자책 독자를 타깃으로 한 전용 전자책을 출판한다. 『3분 OK 자본주의 역사』, 『진보야, 아직 지치지 마』, 『시민이 행복한 사회적경제』를 시작으로 '굴려라 총서'를 지속적으로 출간하고 있다. 종이책의 4분의 1 분량에, 저자가 발제하고 독자가 참여하는 가상의 세미나 느낌으로 책 내용을 쉽게 풀어나간다. 책을 매개로 하는 토론 행사도 진행한다. 2013년에는 여행·여성·영화 등의 좀 더 말랑말랑한 주제의 전자책 시리즈도 시작할 예정이다.

롤링다이스의 젊은이들은 협동조합 설립 절차를 서두르지는 않는다. 협동조합기업이라는 법인격이 필요하다고 인정하지만 협동조합의 건강한 기업문화 형성과 공유가 더욱 중요하다고 생각하기 때문이다.

1인 세무사와 법무사 등 전문가들이 협동조합 설립을 준비하는 움직임도 나타나고 있다.

한국협동조합연구소의 박주희 연구원은 "세무사와 법무사 등 전문가 조직에도 협동조합은 적절한 틀이 될 수 있다. 로펌이나 컨설팅업체에서 협동조합 전환 방법을 문의해온 경우도 있다"라고 설명했다. 전문직 종사자의 사업영역을 확대하고 업무 성과를 공정하게 평가하고 나누는 데에 협동조합이 적절한 조직 형태라고 보는 것이다.

서울 홍대 근처에서 활동하는 음악인들은 '자립음악생산조합'을 결성해, 공동의 자립 기반을 만들어나가고 있다. 적립한 조합비로 소액의 음반 제작비용을 빌려주기도 한다. 공동의 공연 기획과 음반 유통망 구축을 꿈꾸고 있다.

아파트마다 협동조합

　대한민국 도시에서 아파트는 공동체가 사라진 공간이었다. 가장 유용한 재테크 수단이었고, 밤늦게 들어와 잠시 눈 붙이는 '임시 거처'에 지나지 않았다. 협동조합은 공동체의 이슬을 먹고 자라난다. 아파트에 공동체가 없으니, 협동조합의 생태계가 뿌리내릴 수가 없었다.

　하지만 도시의 아파트에도 변화가 일어나고 있다. 이사하는 횟수가 예전보다 뜸해지고, 정겨운 이웃사촌과 어울리는 풍경이 생겨나고 있다. 전문직 출신의 조기 은퇴자가 아파트의 동대표로 나서는 모습도 드물지 않다. 협동조합 경제의 여건이 조성되고 있는 것이다.

　서울 잠실의 한 대형 아파트 단지에서는 주부들이 '파크리오맘'이라는 육아공동체 운영에 나섰다. 나눔벼룩시장을 운영한 수익금으로 아프리카 나라들에 우물 파기 후원금도 지원했다. 서울 성북의 길음 뉴타운 주민들은 단지 내 택배사업을 공동으로 추진한다. 이웃 임대아파트 주민에게 배달 업무를 맡겼다. 주민 간의 협동으로 지역 일자리를 창출하는 아름다운 사례이다.

　직원 230명의 청소사업체(사회적기업)인 '함께 일하는 세상'의 이철종 대표는 아파트협동조합 설립을 꿈꾼다. 아파트에서 청소(홈클리닝)·세탁·택배·가사돌봄·수선 등의 종합 생활서비스를 제공하는 협동조합기업의 밑그림을 그려나가고 있다.

"아파트에서는 소비자와 공급자가 분리되지 않습니다. 다양한 기술을 보유한 주민이 서비스를 제공하고, 그 서비스를 주민들이 이용하도록 하는 겁니다. 옆집 할아버지가 택배 물건을 배달하고 뒷집 아저씨가 하수구 구멍을 뚫는다고 생각해보세요. 주부들도 안심하고 문을 열어줄 수 있습니다. 마음이 더 모아지면 어린이집과 생협 운영으로 협동조합을 발전시킬 수 있습니다. 1,000가구 이상의 아파트면 충분히 사업성이 있습니다."

박영범 지역농업네트워크 대표는 특히 아파트 생협의 설립을 강조한다.

"서울 시내 522개 동에 두 개씩 모두 1,044개의 서울형 생협을 설립하는 겁니다. 특히 1,000 가구 이상 아파트 단지마다 한 개씩 생협을 설립하면, 도시의 공동체를 재생하면서 먹거리 체계의 근본적 변화도 가져올 수 있을 것입니다."

박 대표는 농민 생산자와 도시 소비자를 결합하는 새로운 농산물 유통의 활로를 도시형 생협에서 찾는다.

아파트 단지를 넘어 도시의 마을 주민이 힘을 모아 협동조합을 만드는 사례도 생겨났다. 서울 중랑구 면목2동에서는 자치센터에서 함께 한지공예 수업을 받은 주민들이 뭉쳤다. 이들은 2011년에 전통수공예를 교육하고 마을공방을 운영하는 마을기업 '한지랑칠

보랑'을 탄생시켰고, 2012년 말에는 '한지랑칠보랑협동조합'으로 진화해나가고 있다. 서울 노원구 상계1동 주민들도 커피나 전통차를 판매하는 마을기업을 북카페마을협동조합으로 발전시켰다.

아파트 또는 마을의 협동조합은 세상을 긍정적으로 바꾸는 핵폭탄급 위력을 발휘한다. 육아공동체가 생협 사업으로 발전하고, 의료협동조합과 다양한 생활경제 사업체로 뻗어나간다고 상상해 보라. 아파트마다 협동조합이 생겨나 전국아파트협동조합연합회 결성으로 이어진다고 생각해보라. 옆집 아이 얼굴도 모르던 도시의 팍팍한 삶이 따뜻한 이웃사촌의 공간으로 다시 살아나지 않겠는가? 아파트협동조합은 공동의 생활경제를 꾸리면서 풀뿌리 민주주의를 훈련하고 함양하는 최선의 교육장 구실도 할 것이다.

주택문제 해결한다

서울시가 주택협동조합의 본격적인 실험에 나섰다. 공공임대주택에 협동조합 방식을 적용한 24가구 규모의 '협동조합형 공공임대주택'을 가양동에서 2012년 11월 처음으로 선보였다. 주차장으로 사용하는 시유지를 부지로 제공했다. 신청자가 231가구나 몰려 9.6 대 1의 높은 경쟁률을 나타냈다. 조합원 입주자가 부담할 전세 가격은 주변 시세의 80% 정도고, 최장 20년까지 거주할 수 있다.

주택협동조합은 입주자인 조합원이 건설계획 단계부터 참여한다는 점에서 기존의 건축방식과 큰 차이가 있다. 입주 이후에도 조합이 유지된다. 이에 반해 기존의 재건축·재개발 조합은 개발이익을 챙기기 위해 한시적으로 설립된 임의단체이다. 집을 지어 자기 몫을 챙기고 나면 해산한다.

영속적 법인인 주택협동조합의 이점은 참 많다. 개발이익을 챙기는 게 아니라 자신이 살 집을 짓는다는 목적이 분명하다. 당연히 미분양 위험을 낮출 수 있다. 또한 팔려는 집은 고급재로 치장하지만 협동조합에서는 처음부터 조합원의 주거요건에 최적화된 주택을 설계한다. 그만큼 건축비를 절감한다. 주택협동조합의 활성화는 전반적인 부동산가격 하락과 서민 주거 안정의 효과를 낳는다. 선진국에서 주택협동조합 지원정책을 과감하게 펴는 이유이다.

서울 마포구 성미산마을의 '소통이 있어 행복한 주택 만들기(소행주)'는 협동조합형 주택의 성공적인 실험 사례로 주목받는다. '따로 또 같이, 작지만 큰 집'이란 모토로 2011년 4월 아홉 가구의 1호 소행주가 세워졌다. 소행주의 외관은 아홉 가구가 함께 거주하는 공동체형 빌라이다. 똑같은 집을 분양받은 것이 아니라, 주민들이 자기 집의 구조를 각각 설계했다. 아홉 가구가 1평씩 내놓아 커뮤니티 공간도 만들었다. 아이들이 놀거나 주민들이 모임을 여는 공용 공간으로 이용한다. 입주자 회의에서 토론을 거쳐 이 모든 것을 결정했다.

2012년 8월에는 소행주 2호의 아홉 가구 입주가 마무리됐으며, 여덟 가구의 소행주 3호 프로젝트로 이어지고 있다. 소행주는 경희대 생협과 손잡고 '공동체형 하숙집'도 추진하고 있다. 소행주가 건물의 보수·관리를 맡고, 생협이 유기농 식단을 댄다는 구상이다.

 하우징쿱주택협동조합의 기노채 이사장은 "협동조합 방식으로 대학생들에게 반값 기숙사를 공급할 수 있다"라고 강조한다. "땅값이 가장 큰 문제인데, 해결책이 있습니다. 대학 부지 안에 기숙사를 짓는 거죠. 대학이 땅만 내놓으면 됩니다. 그렇게 5~7%대의 투자수익률만 기대해도 민간자본을 유치할 수 있습니다. 또 건설계획 단계부터 학생들이 참여해 화려한 마감재를 배제하되 유지보수 비용이 최소화할 수 있도록 설계하는 겁니다."

 박주희 한국협동조합연구소 연구원은 "미국의 대학생주택협동조합에서는 학생들의 자발적 참여로 관리비를 확 떨어뜨린다"라고 소개했다. "식사 준비, 설거지, 청소, 잔디 깎기, 물품 구입 같은 일을 기숙사의 입주 학생들이 분담합니다. 그렇게 협동만 하면, 반값 기숙사도 꿈이 아닙니다."

 협동조합 방식의 대학생 반값 기숙사가 세워진다면, 기존의 대학 생협과 함께 대학 캠퍼스의 협동조합 생태계를 구성하는 중요한 축이 될 것으로 기대된다. 미국의 북미협동조합학생연합(NASCO)에서는 학생주택협동조합의 개발·교육·지원 활동을 벌이고, 다른 협동조합과의 연대 활동을 끌어간다.

「협동조합기본법」에 따른 주택협동조합의 본격 활동도 시작됐다. 2013년 8월 서울 불광동에서는 하우징쿱주택협동조합이 첫 조합원 입주자 모집을 시작했다. 대지 511㎡, 4층 정도의 소규모 마을기업형 주거공동체의 건축 및 운영을 실험한다.

학교는 협동조합이다

협동조합은 교육으로 시작해 교육으로 끝난다는 말이 있다. 학교에서 협동조합 경제를 배워야 하고, 협동조합의 가치를 체험하는 기회가 학교의 생활공간에서 제공돼야 한다. 그래야 아이들이 자연스럽게 협동조합 방식에 익숙해지고, 이웃이나 동료와 함께하는 협동조합 경제의 토대가 튼튼해진다.

최근 영국에서는 학생·교사·학부모·직원·지역사회가 공동으로 이사회를 이끌어가는 중고교 과정의 협동조합학교들이 많이 생겨나고 있다. 기존 학교의 운영 틀을 조합원 참여 방식으로 바꾼 영국의 협동조합학교는 2008년 글로벌 금융위기 이후 급속히 확산되면서, 영국의 협동경제에서 가장 빠르게 성장하는 분야가 되었다. 2011년까지 불과 3년 사이에 242개, 2012년 말까지는 400개 이상의 협동조합학교가 등장했다. 협동조합 리더를 양성하는 협동조합 대학도 1919년에 영국협동조합연맹의 주도로 일찌감치 설립됐다.

국내에서도 1호 협동조합학교가 생겨났다. 사회적협동조합으로 2013년 초에 설립된 전북 완주의 '온누리살이'이다. 온누리살이 학교 설립을 이끈 여태권 율곡교회 목사는 "완주가 사람들이 살고 싶어 하는 지역이 되려면 좋은 교육이 꼭 있어야 한다"라고 말했다. "지역사회에 꼭 필요하고, 지역사회를 아름답게 가꾸면서 스스로 행복할 수 있는 그런 사람을 양성할 겁니다. 지역사회의 뜻을 모았으니, 좋은 농촌직업학교로 커갈 수 있을 겁니다."

온누리살이 학교는 지속 가능한 농업, 지속 가능한 마을 만들기를 내용으로 하는 이른바 '퍼머컬처(Perma culture)'를 2013년 5월부터 2년 과정으로 가르칠 계획이다. 졸업한 뒤에는 농촌 지역에서 직업을 구할 수 있도록 학생들의 실무역량 극대화에 교육의 초점을 맞추고 있다. 전북 임실의 기림초등학교에서는 농촌 실정에 맞는 방과 후 프로그램을 운영하는 사회적협동조합 설립을 교사와 학부모들이 함께 추진하고 있다.

수도권에서는 학교 매점을 협동조합 방식으로 운영하려는 움직임이 일어나고 있다. 중고교의 구내매점은 대체로 불량식품의 온상이다. 제조회사도 불분명한 600원짜리 햄버거 따위가 예사로 팔리고 있다. 월 수백만 원의 사용료를 지불하는 매점업자가 불량식품을 취급하지 않고는 이익을 내기 어렵기 때문이다. 서울 구로5

동 영림중학교에서는 학부모들이 매점 운영에 직접 나서면서, 친환경 또는 우리밀 재료를 사용한 간식을 아이들에게 공급하고 있다. 영림중학교의 학부모들은 학교 매점사업 등을 운영하는 협동조합 설립을 준비하고 있다. 경기도의회에서는 학교(매점) 협동조합의 설립을 지원하는 조례 제정을 발의했으며, 성남시도 학교 매점 협동조합 설립을 적극 후원하고 있다.

학교 신협 설립으로 매점 운영을 뒷받침한 선구적인 사례도 있다. 강원 원주 우산동의 진광중고교는 1977년에 학교 신협을 설립한 뒤 매점 운영을 맡기고 있다. 간식을 10~30% 싸게 아이들에게 공급하고 연말이면 출자 배당금도 지불한다. 경남 창원 문화동의 마산여중고 등 네 개 학교에서도 비슷한 방식으로 학교 신협과 매장을 운영한다.

각 지역의 대안학교에서도 협동조합 전환 움직임이 일어나고 있다. 경기 과천의 맑은샘학교, 부산의 자유발도르프학교 등이 앞장선다. 대안학교가 사회적협동조합 법인격을 채택하면 기부금을 받을 수 있게 된다. 학교 재산의 지속 가능한 공동 관리도 보장된다. 살아 있는 협동의 경제를 가르치고 실천하는 교육 현장이 속속 등장할 것 같다.

독점과 폭리 있는 곳에 협동조합 있다

경제적 독점의 반대쪽에 협동조합이 있다. 협동조합은 민주적 공동 행동으로 대기업의 독과점 폐해에 맞선다. 또한 폭리가 만연한 곳에 협동조합이 있다. 공동 행동으로 폭리 구조를 해체하고, 소비자의 공동 이익을 지켜낸다. 폭리의 대명사인 경조사 시장에서 협동조합의 싹이 자라나고 있다.

김영숙 씨(경기 고양)는 2012년 3월 시어머니 상을 치른 뒤로 한겨레두레의 예찬론자가 됐다. "장례식장에 갔더니 80만~300만 원짜리 수의를 내놓더라고요. 한겨레두레가 아니었다면 그대로 바가지를 쓸 뻔했죠. 우리 장례지도사가 오더니 도맷값 6만~7만 원짜리(중국산)를 보여주더군요. 장례식장에서 내놓은 80만 원짜리와 비슷한 품질이었습니다." 김씨는 며칠 뒤 어머니 상을 당했을 때도, 다시 두 달 뒤 고모 상을 당했을 때도 주저 없이 한겨레두레에 연락했다. "장례지도사가 사촌 오빠 같았어요. 가족처럼 걱정하고 챙겨준다는 느낌이 들었지요. 우리 식구들은 다른 사람 만날 때마다 한겨레두레 가입을 권유해요."

한겨레두레협동조합은 2011년 5월 마을공동체와 시민사회단체 지도자들이 뜻을 모아 시작한 '협동조합 상조회사'이다. 발기인으로는 협동조합운동을 이끌어온 박승옥 현 대표와 유영우 논골신협 이사장, 유창복 성미산 마을극장 대표, 이병학 한국지역자활센터

협회장, 해외입양인 모국방문을 지원하는 '뿌리의 집' 김도현 원장, 김종철 ≪녹색평론≫ 발행인 등 60명이 참여했다. 2012년 12월 정식으로 협동조합 설립신고필증을 받았다.

다른 상조회사에서 장례지도사로 일하다 한겨레두레로 옮겨온 박태호 기획실장은 "여기에 와서 내 사고가 180도 바뀌었다. 그전에는 '이번 장례에서 얼마나 벌 수 있을까'를 생각했는데, 지금은 '우리 상주가 바가지 없이 장례 잘 치르도록 해야지'를 생각한다. 월급만으로 먹고사니 총수입은 줄었지만 좋은 마음으로 일한다"라고 말했다.

"그전 상조회사에서는 상주들과 많이 싸웠어요. '(가격) 더 빼달라'고 하고, 저는 '못 뺀다'고 버티는 거죠. 비싼 것을 팔아야 그만큼 제 수입이 늘어나거든요. 돈을 많이 못 버는 날이면 짜증부터 나요. 이래저래 스트레스를 많이 받았지요."

한겨레두레협동조합은 2012년 5월 300명의 조합원으로 시작해, 1년 5개월 만인 2012년 10월에 조합원 수 600명을 넘어섰다. 「협동조합기본법」 시행과 함께 인지도가 높아지면서, 2013년 초에는 조합원 1,000명 돌파를 예상한다.

"신뢰가 결핍된 곳에 협동조합이 생겨납니다. 바가지와 폭리가 고착화된 대표적인 곳이 경조사 쪽이잖아요. 저희는 직거래 공동구매 방식으로 거품을 확 뺍니다. 조합원인 상주들이 직접 도매상

〈그림 3-1〉 한겨레두레 협동조합

물건을 도매가격으로 고르도록 해요. 수의와 관은 6만 원짜리가 제일 많이 나갑니다. 음식비 등을 뺀 총비용이 보통 200만~250만 원 정도 들지요. 모두 협동조합이기에 가능한 일입니다." 박승옥 대표의 말이다.

한겨레두레는 장례 사업에 이어 혼인잔치계(웨딩사업)도 구상하고 있다. 예식장 이외의 옥내외 공간을 여럿 확보해, 결혼 비용을 최대한 줄이면서 서너 시간 여유 있게 혼례를 치를 수 있도록 하겠다는 것이다. 쪽방촌과 영구임대아파트 단지에서 '홀로' 죽는 노인들의 상을 마을장례로 치르는 사회공헌사업도 서울시와 함께 추진하고 있다.

㈜해피브릿지의 노동자협동조합 변신

스위스 최대 소매업체인 미그로의 창업자 고틀리프 두트바일러(Gottlieb Duttweiler)는 1941년 자신이 소유하던 개인회사를 스위스 국민의 회사인 소비자협동조합으로 전환했다. 보유 주식의 거의 전량을 협동조합의 공동자산으로 넘겼다. 우리나라에도 두트바일러처럼 창업자들이 과감히 지분을 포기하면서, 규모가 꽤 큰 주식회사가 협동조합으로 전환하는 첫 사례가 탄생했다.

주식회사 해피브릿지는 탄탄한 프랜차이즈 업체이다. '국수나무'와 '화평동 왕냉면' 가맹점이 전국에 400곳을 넘는다. 면국수 프랜차이즈 업계 선두이다. 여성가족부가 선정한 '가족친화 우수기업'으로도 뽑혔다. 2012년에 거둔 매출은 280억 원으로, 2011년 12억 원에 이어 불황기에도 15억 원의 순이익을 냈다.

해피브릿지가 큰 도전에 나섰다. 주식회사의 간판을 내리고 노동자협동조합으로 전환한 것이다. 2012년 12월 26일에 마지막 주주총회를 열고 회사 청산을 결의했다. 주주 열다섯 명은 창업자와 장기근속 직원들이다. 이들은 협동조합 가치에 어울리는 자산 배분 결정을 내렸다.

"내부유보금 36억 원 중 기존 주주들이 3분의 1을 가지고, 5년 이상 근무한 직원들에게 3분의 1을 나눴습니다. 나머지 3분의 1은 새 출발하는 노동자협동조합의 내부유보금으로 넘겼습니다."

송인창 이사는 해피브릿지의 살아 있는 역사이다. 2년 후배인 이구승 대표와 함께 40%의 지분을 보유한 '오너'의 지위를 스스로 포기했다.

"가톨릭청년운동을 하던 동료 세 명이 1997년에 처음 도원결의 했어요. 쌀 유통 사업으로 시작했지요. 이익이 남으면 사회운동단체에 기부하고, 돈이 아니라 사람이 주인인 기업을 꾸린다는 두 가지 원칙을 세웠습니다. 그때는 협동조합을 몰랐는데, 우리가 생각했던 게 바로 협동조합이었어요."

해피브릿지는 2005년 7월 주식회사로 출범한 뒤에도 '노동자가 주인'이라는 가치와 기업문화를 그대로 이어왔다. 매출이 300억 원대에 육박했을 때에도 이 대표와 송 이사의 연봉이 6,000만 원에 못 미쳤다. 최고 연봉과 최저 연봉의 차이도 세 배를 넘지 않는다. 직원을 나가라고 하는 법이 없고, 한번 입사하면 조기 퇴사하는 직원도 찾아보기 힘들다. 직원 90명 가운데 70% 이상이 5년 이상 장기 근속자이다.

입사 8년째인 윤경선 마케팅팀장은 "팀워크가 좋은 회사"라고 자랑스러워했다.

"업무를 정할 때 개인 의견을 충분히 들어줍니다. 교육 지원도

〈그림 3-2〉 주식회사에서 전환하는 해피브릿지 협동조합

많은 편이고요. 새로운 일에 적응이 더디더라도 시간을 두고 기다려주지요. 그러다 보니 직원들이 회사 일에 나 몰라라 하지 않는 것 같아요. 묘한 분위기에 끌려 회사에 죽 눌러앉게 됩니다."

4년 동안 최고경영자를 맡아온 이 대표도 "창업 선배들이 서로 대표를 맡지 않으려 한다. 책임만 무겁다"는 말로, 해피브릿지의 기업문화를 전했다.

"이제는 사업이 안정됐으니까 우리가 생각하는 가치와 기업문화에 맞는 옷으로 갈아입겠다는 겁니다. 해피브릿지 사업의 지속가능성을 뒷받침할 수 있는 안정적인 지배 구조가 협동조합이거

든요."

해피브릿지는 2010년부터 착실하게 노동자협동조합 전환을 준비했다. 그해 송 이사가 '협동조합 천국'이라는 이탈리아의 볼로냐를 다녀왔다.

"막연하게 협동조합의 가치를 꿈꿨는데, 협동조합으로 사업하는 게 충분히 경쟁력이 있겠다는 믿음을 그때 처음 가졌어요. 주식회사보다 협동조합이 우리한테 더 맞을 것 같기도 했고요."

노동자협동조합 전환 의사를 비치자, 오히려 직원들이 더 걱정했다.

"협동조합 하면서도 회사가 살아남겠느냐, 그러면 배가 산으로 올라가지 않겠느냐고 불안해하더군요. 그래서 올(2012년) 3월 직원 여섯 명을 프랑스와 영국의 노동자협동조합 현장으로 연수를 보냈습니다. 협동조합연구소와 함께 꾸준히 직원 워크숍을 가졌고요."

어려움이 전혀 없는 것만은 아니다. 협동조합은 흔히 자본조달에서 불리하다고 한다. 실제로 거래은행 쪽에서는 해피브릿지가 협동조합으로 전환하면 신용대출 한도(20억 원)가 줄어들 수도 있다는 뜻을 비쳐왔다. 기획재정부 쪽은 "협동조합 전환 기업에 대한 금융 불이익이 없도록 할 것"이라는 입장이다. 해피브릿지는 노동자협동조합의 장점을 살린 적극적인 자금 대책을 별도로 마련했다. 스페인의 세계적인 노동자협동조합인 몬드라곤의 조합원 출자 방식을 도입하기로 한 게 그 예이다.

"조합원 90명이 최소 1,000만 원 이상의 출자금을 내기로 합의했어요. 그것만으로도 10억 원 이상의 현금 확보가 가능합니다. 앞으로는 각자 연봉 수준까지 출자금 규모를 점차 끌어올릴 생각입니다. 목돈 마련이 어려운 직원들을 위해서는 사내복지기금 3억 원을 조성해 출자금을 빌려주기로 했습니다."

이 대표와 송 이사는 협동조합이라는 정체성이 해피브릿지의 신뢰도를 높이고, 직원들의 업무 몰입도를 끌어올리는 데에 도움이 될 것이라고 기대한다.

마을버스협동조합이 마을 살린다

강원도 인제군 설악산 백담사 입구의 용대2리는 일자리가 넘치고 아이들 웃음이 끊이지 않는 마을이다. 한때는 인제군에서도 못사는 마을로 꼽혔는데, 사정이 180도 달라졌다. 용대2리의 마을 발전을 이끈 중요한 원동력은 바로 협동조합 방식으로 운영되는 용대향토기업이다.

용대향토기업은 백담마을에서 백담사까지 7.2km 구간을 왕복 운행하는 마을버스 회사이다. 향토기업이라는 말 그대로 마을 주민들이 출자해 세운 알짜 공동체 기업이다. 마을 반장 등 스물다섯 명의 주민이 300만 원씩을 출자했다. 1996년에 버스 두 대로 시작한 사업이 지금 열 대로 불어나, 매출이 16억 원에 이른다.

"운전기사 열두 명과 검표와 개표 및 사무실 직원을 포함해 모두 열여덟 명의 마을 주민 일자리를 창출합니다. 마을에서 2년 이상 거주한 사람만 채용하지요. 지금 같은 성수기에는 임시 직원을 여섯 명 더 씁니다. 용대향토기업은 우리 백담마을을 살린 보물단지입니다." 용대향토기업 박문실 대표의 말이다. 경리를 맡은 김희연 주임은 열네 살, 여덟 살, 여섯 살 세 아이를 둔 엄마 직원이다. "춘천에서 살다가 8년 전에 고향 마을로 돌아왔어요." 직원 열여덟 명의 급여는 모두 월 200만 원을 넘어선다.

용대향토기업은 이익금의 상당액을 마을발전기금으로 내놓는다. 연말이면 가구당 20만 원씩의 이익배당금도 지급한다. 마을발전기금 출연액은 2011년 4억 원, 2012년 2억 8,000만 원에 이르렀다. 백담마을은 그 돈을 또 다른 주민 일자리를 창출하는 데 요긴하게 쓰고 있다.

"마을회관의 상근자가 다섯 명이나 돼요. 이장과 정보화마을 사무장, 체험 사무장, 도서관 사서, 미술교사이지요. 우리 다섯 명의 급여가 마을발전기금에서 나옵니다. 도서관 사서는 베트남 이주 여성이에요"(정연배 이장).

서울에도 많은 마을버스 회사들이 있다. 개중에는 황금노선에서 떼돈을 버는 사업체도 많다. 지자체에서 인가를 받기만 하면 독점 사업의 단물을 온전히 누릴 수 있다. 하지만 날마다 마을버스를 이용하는 주민들에게는 아무런 혜택도 주어지지 않는다. 10원 한 푼 할인해주지 않는다. 용대향토기업처럼 발전기금으로 수익의 일부를 내놓지도 않는다. 그러지 않아도 사업을 유지하는 데 아무 문제가 없기 때문이다.

근본적인 질문을 던지지 않을 수 없다. 서울의 마을버스 노선을 지금처럼 영리 사업자에게 모두 맡기는 것이 온당한가? 용대향토기업처럼 주민들의 협동조합기업이 운영권을 맡을 수는 없는가? 독점이라는 사업의 본질을 직시하자. 손쉽게 벌어들인 폭리를 마을 주민들과 나누는 길은 없는지, 상상력을 발휘해보자.

주민들이 공동 출자한 협동조합기업이 마을버스 사업에 참여할 수 있도록 조례를 만들 수 있을 것이다. 기존 마을버스 사업자의 사업권을 박탈하라는 것이 아니라, 공정한 참여와 경쟁의 기회를 주자는 것이다. 사업자 선정 심사 때에 지역사회 및 주민 기여라는 항목을 포함시키면 된다. 주민 조합원들이 설립한 협동조합은 지역사회 기여에서 유리한 위치에 서게 될 것이다. 영리사업자도 효율적인 경영으로 고객인 주민들의 만족도를 높일 수 있다면, 당연히 사업권을 누릴 수 있을 것이다.

다만 서울 같은 대도시에서 마을버스 협동조합이 당장 탄생하기는 쉽지 않아 보인다. 같은 마을버스를 이용하는 사람들의 공동체성이 약하기 때문이다. 아파트 또는 마을협동조합, 지역 생협, 학교협동조합과 같은 협동조합 생태계의 뿌리 형성이 그래서 중요하다.

전통술, 협동으로 판로 개척한다.

우리나라에도 전통술 장인들은 많다. 하지만 프랑스의 와인이나 일본의 사케처럼 고급 브랜드가 다양하고 풍성하지 않다. 초기자본이 부족한 전통술 장인들이 독점적 유통망에 진입하지 못하고 짓눌려 있는 탓이다. 국내 막걸리 시장은 일본식 누룩인 '입국'을 사용하는 장수막걸리와 개량 누룩을 쓰는 국순당이 70%를 독과점하고 있다.

전통술의 숨은 장인들이 뭉쳤다. 강원도 강릉의 '방풍도가'(이기종), 충남 아산의 '이가수불'(이상헌), 전남 장흥의 '수미지인'(정재철), 부산의 '청춘주가'(임정희), 충북 청원의 '장희도가'(장정수), 경북 봉화의 '법전양조장'(강기호) 등, 전통술의 고집쟁이들이 한자리에 모였다. 내로라하는 전통술 연구자와 유통 전문가들도 머리를 맞댔다. 우리술협동조합(가칭) 설립을 추진하는 사람들이다.

"우리 집이 종가여서 20년 넘게 제 손으로 제주(제삿술)를 빚었어요. 전국의 장인들을 찾아다니며, 전통술을 두루 배웠고요. 전통 누룩과 물만 써서 프랑스에 뒤지지 않는 최고의 핸드메이드 술을 만들 수 있습니다. 그런데 아무리 좋은 술을 만들어도 혼자서는 제대로 팔 방도가 없어요. 협동조합으로 합치는 게 유일한 길이라고 생각해요."

이가수불의 이상헌 대표는 "사실 전통술은 모든 발효음식의 기본이다. 우리 술 만드는 사람들이 뜻을 잘 모으기만 하면, 복합적인 발효음식문화로도 확장시킬 수 있다"라고 말했다.

부산에서 올라온 청춘주가의 임정희 대표는 집 근처 아파트 단지의 상가 공간에서 저비용 고품질의 '항아리 막걸리'를 숙성시키고 있다. "항아리 100개에 막걸리를 담고 있어요. 그 정도는 큰 투자 없이 혼자서 할 수 있거든요. 최소한 한 달, 길게는 6개월 숙성시킨 막걸리도 있어요. 소매점 유통망은 개인이 뚫기 어렵고 비용도 많이 들잖아요. 협동조합 방식으로 여럿이 힘을 모으면 큰 자본 부담 없이 마케팅을 할 수 있고, 공동 브랜드의 막걸리 카페를 열 수도 있을 것 같아요."

강릉 방풍도가의 이기종 대표는 전통술에 걸맞은 세련된 용기를 갖추기 위해서도 협동이 절실하다고 말한다. "명절의 고급 한과 세트에 우리 술을 넣고 싶어도 할 수가 없어요. 값싼 플라스틱 병을 쓰잖아요. 유리병 회사에서는 최소 10만 개 단위로 주문을 받아요. 세련된 유리병을 쓰기 위해서도 홍보를 위해서도, 협동조합으로 대응해야 해요. 우리 같은 소규모 양조장 홀로 투자를 감당할 수가 없어요."

　우리술협동조합 설립 아이디어를 처음 꺼냈던 '수수보리아카데미'의 조효진 경기대 교수는 "올(2012년) 추석 무렵부터 뜻을 모으기 시작했다"라고 말했다. "전통술 전문교육기관인 수수보리아카데미와 인연을 맺은 전통술 장인과 전문가들이 모였어요. 협동조합 설립 필요성에 다들 크게 공감했어요. 고급 유리병 디자인을 개발해 한꺼번에 10만~20만 개 대량 주문하는 것부터 시작할 수 있을 것 같아요. 각자 브랜드의 상표만 따로 붙이면 되지요." 12년째 와인가게를 운영하는 이정창 씨는 "전통술은 와인가게에서도 충분히 통할 것"이라고 말했다. "명절 때면 와인가게에서 전통술을 찾는 수요가 많습니다. 중국의 수출시장에서도 해볼 만할 거고요. 적정 마진만 보장된다면, 와인가게에서 전통술을 많이 취급할 겁니다."

　우리술협동조합 설립에는 서울의 막걸리바 운영자들도 여럿 참여하고 있다. 막걸리바는 최고의 다양한 전통술을 공급받고 전통술 장인들은 판로를 확보하는, 조합원 간의 협동과 상생을 기대한다. 협동조합의 선배인 생협과 농협 매장으로도 판로를 열어갈 수 있을 것이다.

　우리술협동조합을 출범시킨 전통술 장인들은 2012년에 사실상의 협동조합 술집을 창업하는 성공 사례도 만들어냈다.

〈그림 3-3〉 우리술협동조합

"수수보리아카데미에서 전통술을 배우고 가르쳤던 열세 명이 서울 서대문역 근처에서 전통주를 품위 있게 마실 수 있는 술집을 열었어요. '물뗀다'라는 발랄한 이름을 붙이고 각자 1,000만~2,000만 원씩 출자했지요. 그때는 협동조합이 뭔지도 몰랐는데, 그게 바로 협동조합이었지요."

조 교수는 "'물뗀다'는 1년 만인 2013년 여름부터 흑자를 내기 시작했다"라고 자랑스러워했다. "가급적 주주 배당은 하지 않기로 했어요. 돈을 벌면 직원 복지와 전통술 발전에 기여하는 쪽으로 먼저 쓰기로 했거든요. 특별히 배우지 않아도 협동조합 가치가 몸에 밴 사람들이지요."

상상력 넘치는 협동조합 무한하다

상상력 넘치는 협동조합이 계속 쏟아져 나오고 있다. 「협동조합 기본법」이 시행된 2012년 12월 한 달 동안 전국에서 신고증을 교부받은 협동조합 중에는, 이주노동자를 위한 식당을 운영하는 지구촌협동조합이 있다. 서울 가리봉동 새벽 인력시장에 나오는 중국 동포들에게 아침 식사를 제공하는 사업을 추진한다. 중국 동포들이 조합원으로 가입해 스스로를 위한 의료서비스와 인력중개사업도 병행할 계획이다.

한국아웃소싱협동조합은 중소 아웃소싱업체들이 위기 극복과 경쟁력 제고를 위해 서로 손을 맞잡은 사례이다. 정부와 민간 기업을 상대로 한 수주 경쟁력을 끌어올리기 위해 공동 홍보와 공동 마케팅을 벌일 계획이다. 대한미용기기협동조합과 서울한마음뷰티협동조합 역시 미용기기 관련 국내시장 개방에 따른 위기 극복을 위해 모여 만든 조합으로, 온라인 쇼핑몰 구축 및 공동 브랜드화를 통해 경쟁력을 키워나갈 예정이다.

의류 재활용사업을 벌이는 성북의류자원순환협동조합과 도시농업의 보급을 위한 씨앗들협동조합도 탄생했다.

인천에서는 이동통신 서비스의 공동구매를 추진하는 전국통신 소비자협동조합이 설립됐다. 이들은 기본요금을 70% 내리고 공동구매로 단말기 가격을 떨어뜨리겠다는 목표를 제시하며 조합원 100만 명 모집운동에 들어갔다. 이동통신 요금과 단말기 가격에 대한 소비자들의 잠재 불만이 높아, 통신소비자협동조합의 파괴력이 주목된다.

대전과 충남 금산·논산, 전북 남원, 전남 목포 등 전국 각지에서 다문화가정을 위한 협동조합 설립이 이어지고 있다. 금산군 다문화협동조합은 2년 전 다문화가정의 아빠들이 만든 자조모임이 모태가 됐다.

광주에서는 60살 이상 노인 스무 명이 협동조합을 세웠다. 더불어 락협동조합이라는 이름으로 광산구 노인복지관을 빌려 공정무역커피를 판매하는 북카페를 운영한다. 근처 시장에 팥죽가게와 두부가게도 차렸다.

산악장비 유통, 여행 사업, 축구클럽을 소비자협동조합으로 조직하는 움직임도 일어나고 있다. 강병호 서울시 고용노동정책관은 "이런 추세라면 2013년 말까지 서울시에서만 최소 500여 개의 협동조합이 설립될 것이다. 서울시는 협동조합 상담부터 교육, 컨설팅까지 지원체계를 더 강화할 것"이라고 말했다.

4
세계의 협동조합

　국제협동조합연맹(ICA)은 전 세계 협동조합의 조합원이 10억 명에 이르는 것으로 집계한다. 협동조합기업에서 일하는 사람만도 1억 명으로 추산된다. 세계의 다국적기업들이 창출한 전체 일자리 수보다 20% 많다. 300대 협동조합기업들의 총매출은 1조 6,000억 달러로, 세계 9위 경제대국인 스페인을 능가한다.

　2008년 글로벌 금융위기를 거치면서 협동조합이 금융의 건전성을 보장하면서 좋은 일자리를 유지하는, 지속 가능하고 성공적인 99%의 기업모델이라는 인식이 높아지고 있다. 선진국의 협동조합은 특히 농업·소비자·금융의 3대 산업 분야에서 강력한 경쟁력을 발휘하고 있다. 농업 분야에서는 협동조합기업 다수가 글로벌 시장을 이끌고 있으며, 소비자 분야에서도 협동조합기업이 유럽

각국 업계의 선두권을 차지하고 있다. 협동조합은행과 신용협동조합은 유럽 전체 예금의 20% 이상을 점유하고 있다.

시장을 지배하는 소비자협동조합

유럽 소비자협동조합의 힘은 놀랍다. 스위스와 이탈리아에서는 소매업의 1, 2위 자리를 협동조합기업이 차지하고 있다. 스위스는 거의 전 국민이 2대 소비자협동조합 조합원이고, 이탈리아 볼로냐에서는 "시장 간다"는 말을 "콥(협동조합) 간다"라고 할 정도로 협동조합이 생활에 배어들어 있다. 북유럽을 비롯한 대부분의 유럽 나라에서도 협동조합기업들이 소매업계 상위권에 올라 있다. 결국 협동조합이 주식회사를 누르고 소매시장의 최종 승자가 될 것이라는 견해도 나온다. 소비자협동조합의 가공할 경쟁력은 고객이 곧 조합원이라는 협동조합의 속성에서 나온다. 협동조합은 고객이 곧 주인인 특별한 회사이다. 주식회사에서는 도저히 따라올 수 없는, 고객의 충성을 자연스럽게 확보하는 경쟁력의 원천을 갖추고 있다.

실제로 유럽의 소비자들은 협동조합의 가치에 정직하고 충실한 소비자협동조합 매장을 적극적으로 찾고 있다. 스위스 2대 소비자협동조합인 미그로와 코프스위스(Coop)의 조합원 수가 전체 인구 700만 명 중 400만 명을 넘는다. 가족 단위 조합원 가입이 많다는 점을 감안하면, 거의 전 국민이 조합원인 셈이다. 두 소비자협동조합의 소매시장점유율도 40%를 뛰어넘는다. 한국으로 치면, 이마트와 홈플러스 둘 다 협동조합이라고 보면 된다. 스위스 여러 도시의 주요 상권이나 기차역에서는 미그로와 코프스위스의 간판을 쉽게 찾아볼 수 있다.

미그로는 주력 사업이 대형마트이지만, 주유소와 은행, 여행사뿐 아니라 백화점과 심지어 법률회사까지 온갖 사업에 뛰어들고 있다. 미그로는 2010년의 총매출이 250억 스위스프랑(약 32조 원)에 이르고, 직원이 8만 3,000여 명에 이르는 스위스 최대 고용기업이다. 한국 같으면 대기업이 무분별하게 사업을 확장한다고 비난받을 일이다. 하지만 스위스에서는 미그로의 문어발 확장을 누구도 꾸짖지 않는다. 더 나은 서비스를 보다 저렴한 가격으로 공급하는 협동조합이기 때문이다. 미그로 사업 확장의 혜택은 종국적으로 스위스 국민의 절반인 200만 조합원에게 고루 나눠지는 것이다.

실제로 리스크가 큰 고수익 사업에 투자하기보다는 소비자의 편익을 증진시키는 데 경영 역량을 집중한다. 경영진을 감독하는 조합원 대표들이 그렇게 요구한다. 미그로에서 홍보를 맡은 루치 베버 씨는 "우리는 주식회사와 다르다. 돈 많이 벌어 배당액을 늘리라는 주주가 없다. 조합원들은 이익을 많이 내기보다는 더 저렴하게 물건을 판매하기를 원한다"라고 말했다.

미그로는 처음부터 협동조합이 아니었다. 사기업에서 협동조합으로 전환한 독특한 역사를 갖고 있다. 고트리프 두트바일러는 1920년대에 직거래 마케팅을 하는 미그로를 창업해 엄청난 성공을 거두었다. 그리고 미그로 협동조합이 탄생한 것은 1941년인데, 두트바일러가 자신의 전 재산인 미그로 주식을 몽땅 협동조합 공동의 자산으로 내놓은 것이다.

스위스 국민들은 지금도 미그로 협동조합 탄생의 아름다운 이야기를 잊지 않고 있다. 두트바일러에 대한 스위스 사람들의 사랑도 끔찍하다. 2009년 초 한 신문의 여론조사에서 두트바일러는 스위스 사람들이 두 번째로 중요하게 여기는 인물로 꼽혔다. 참고로, 첫 번째는 알버트 아인슈타인(Albert Einstein)이었다.

협동조합은행(신용협동조합)의 경쟁력

흔히 협동조합은 절박함의 산물이라고 한다. 절실한 필요가 있는 곳에서 협동조합이 꽃을 피운다. 서민에게 절박한 것을 꼽으라면, 돈을 빼놓을 수 없을 것이다. 지금도 우리 주위의 어려운 이웃들은 수백만 원의 자금을 융통하지 못해, 고리채에 인생을 저당 잡히고 돌이킬 수 없는 낭패를 겪는다. 19세기 중반 독일에서 처음 생겨난 신용협동조합은 고리채의 악순환에서 벗어나자는 절박한 필요를 충족시켰다. 불과 수십 년 사이에 유럽 전역으로 급속히 확산되면서, 지금까지 협동조합 생태계의 기둥 구실을 톡톡히 하고 있다.

협동조합금융은 시장경쟁에서도 뚜렷한 우위를 나타낸다. 협동조합은행과 신용협동조합은 이미 유럽 전체 예금은행의 20% 이상을 점유한다. 크레디아그리콜(Crédit Agricole)과 라보방크(Labobank)로 대표되는 프랑스와 네덜란드의 협동조합은행은 각각 국내 예금시장의 45%, 40%를 점유한다. 협동조합금융은 2008년 글로벌 금융위기 이후 더욱 빛을 발해, 가장 안전한 금융이라는 사실이 입증됐다. 대형 투자은행에서 빠져나간 예금이 협동조합금융으로 대거 유입되는 일도 일어났다. 주류 경제학계에서도 "금융업에는 협동조합이 최적"이라는 논의가 일어났다.

협동조합이 금융업에서 경쟁력을 발휘하는 이유를 꼽아보자. 첫째, 예금과 대출이라는 금융 본래 역할에 충실하다. 수익 추구에 매달려 과도한 위험 투자를 하지 않는다. 둘째, 조합원이 1인 1표를 행사하는 협동조합의 민주적 지배 구조가 내부 통제, 곧 위험관리에 효과적이다. 셋째, 지역사회의 조합원을 상대로 영업하는 협동조합금융은 저비용 고효율의 신용관리 역량을 갖추고 있다. 캐나다 퀘벡의 데자르댕신협은 2000년대에 대형 은행들이 농촌 지역 점포를 철수할 때 오히려 점포망을 확대했다. 조합원의 신용 상태를 큰 비용을 들이지 않고도 파악할 수 있다는 자신감이 있었기 때문이다.

유럽 못지않게 협동조합금융이 활발한 나라는 데자르댕이 있는 캐나다이다. 캐나다 퀘벡 주에서는 어디를 가나 누구를 만나도, 데자르댕 이야기가 빠지지 않는다. 북미 최대 신용협동조합인 데자르댕은 퀘벡의 크고 작은 협동조합과 사회적기업의 대부이고 지역 경제를 떠받치는 주역이다.

데자르댕은 퀘벡 시의 세인트로렌스 강 너머에 있는 레비에서 1900년에 탄생했다.

"퀘벡의 프랑스계 사람들은 가난했어요. 시내가 멀어 은행을 이용할 수 없었고, 고리채 금리는 3,000%까지 치솟았지요. 보다 못한 알퐁스(Alphonse Desjardins)와 도리멘 데자르댕(Dorimène Desjardins) 부부가 이 지역에 적합한 새로운 신협 모델을 고안했습니다." 데자르댕 기념관의 역사학자인 피에르 풀랭(Pierre Poulin)의 설명이다. 데자르댕 부부는 가난한 사람도 조합원으로 참여할 수 있도록 5달러의 출자금을 주 10센트씩 1년에 나눠 내도록 했다. 데자르댕 모델은 그 뒤 미국으로 전파돼 9,000여 개의 신협을 낳았다.

데자르댕의 오늘은 화려하다. 가난한 시골농부가 다달이 10센트씩 모아 110여 년 동안 불린 자산이 2011년에 216조 원이나 됐고, 1년 순이익만도 1조 8,000억 원에 이른다. 우리나라의 4대 금융지주에도 별로 뒤지지 않는 규모이다. 1979년에 세운 거대한 복합건물은 퀘벡 주 최대 도시인 몬트리올의 랜드마크로 당당한 위용을 자랑한다. 데자르댕의 주인인 조합원은 580만 명으로, 800만 명에 육박하는 퀘벡 주 전체 인구의 70%를 넘어서고, 직원만 4만 7,000명에 이른다.

데자르댕의 금융건전성은 더욱 돋보인다. 자기자본비율이 17.3%로, 13~14%대인 주요 은행을 능가한다. 부실채권비율은 0.43%로, 미국의 1.87%, 캐나다 은행 평균 0.79%보다 훨씬 낮다. 파생상품이나 서브프라임 모기지 같은 '고위험 고수익' 상품에는 아예 손을 대지 않는다. 2008년의 금융위기는 데자르댕과 무관해 보였다. 2011년 14.4%의 매출 성장세를 구가하면서 세계에서 가장 안전한 은행 20위로 올라섰다. 조합원에게는 4,500억 원의 배당을 실시했다. 예를 들어 6만 5,000달러의 주택대출(모기지)을 받은 조합원의 경우 1년 동안 납입했던 이자총액의 16%에 해당하는 300달러를 배당으로 돌려받았다.

데자르댕은 퀘벡 주에서 가장 큰 거대 금융기관으로 성장했지만, 민주주의와 지역사회 기여라는 협동조합의 가치를 내세우고 실천한다. 데자르댕이 퀘벡의 존경을 받는 진정한 이유이다. 홍보 책임자인 장미셸 라베르주(Jean-Michel Laberge)는 데자르댕의 민주적 지배 구조를 강조했다. "열일곱 곳으로 나뉜 각 지역 데자르댕에서 대의원 255명을 포함해 모두 5,900명의 선출직이 뽑힙니다. 경영 판단에 조합원의 뜻이 반영되지 않을 수 없지요. 연차 총회에는 1,300명의 지역 조합원이 참석합니다."

피에르 풀랭은 데자르댕 조합원의 32%가 농촌 지역에 살고 있다는 점을 강조했다. 캐나다 은행 고객 가운데 농촌 거주자가 평균 2%에 그치는 점과 크게 대비된다. 그는 또 "다른 은행들이 수익성 낮은 농촌 점포를 폐쇄할 때 데자르댕은 거꾸로 인수에 나섰다"라며 "협동조합이기에 수익성이 낮더라도 조합원에게 다가서는 것은 당연하다"라고 말했다.

데자르댕의 철저한 협동조합 원칙은 조합원의 충성심과 사회적 신뢰를 높이면서 종국적으로 데자르댕의 수익성 향상에 기여했다. 데자르댕은 소규모 대출인 마이크로크레디트의 미회수율이 0%라는 점을 자랑한다. 일반 은행에서 거래를 기피하는 신설 협동조합이나 사회적기업 또는 영세업체에 대해 500~1,000달러씩 연 수백만 달러의 마이크로크레디트 사업을 벌이는데, 지금까지 떼인 돈이 한 푼도 없다는 것이다.

데자르댕은 1970년대부터 연대저축기금을 만들어 협동조합과 사회적기업 등에 대한 금융지원의 토대를 구축했다. 데자르댕의 이런 노력은 주 정부와 시민사회가 '사회적 금융'에 적극적으로 나서게 만드는 선도자 구실을 했다. 몬트리올의 유명한 '태양의 서커스(Cirque du Soleil)' 또한 데자르댕 연대기금 사업의 대표적인 성공 사례이다.

데자르댕은 단순히 수익만을 추구하지 않기 때문에 조합원들에 대한 경제 교육을 중시한다. "소비하기 전에 생각하라"는 슬로건을 내걸고, 서민에게 절약하고 저축하는 습성을 심어준다. 데자르댕은 최근 순이익의 1%(2013년 180억 원)를 경제 교육에 추가로 지출하겠다고 발표했다.

캐나다에는 데자르댕 말고도 수많은 신협이 조합원의 서민금융 구실을 톡톡히 해내고 있다. 중서부 농촌 지역인 서스캐처원 주에서 만난 캐런 티(Karen Ti)는 신협 칭찬을 아끼지 않았다.

"신협이 없으면 농사 못 지어요. 땅·기계·농자재 구입 자금을 모두 어피니티(Affinity) 신협에서 빌려 쓰고 있어요. 신협은 돈을 벌더라도 우리 지역에 고스란히 남기잖아요."

신협은 또한 지역 협동조합 생태계의 건강한 축으로 인정받고 있었다.

"협동조합이 커지면 민주적 절차와 조합원 교육에 소홀해지기 쉬운데, 서스캐처원에서 가장 큰 어피니티 신협은 달라요. 지역사회 기여도 최고예요."

서스캐처원 주의 최대 도시인 새스커툰의 저소득 밀집지역에서 2012년 '스테이션20'이라는 지역 공동체 건물을 세울 때도 어피니티 신협의 지원이 절대적이었다. 총모금액 600만 달러 중 3분의 1 이상을 어피니티에서 감당했다. 50만 달러를 기부하고 225만 달러를 좋은 조건의 주택대출로 제공했다. '스테이션20'에는 식품매장 협동조합, 저소득층에게 안전한 먹거리를 공급하는 공동부엌, 엄마들의 쉼터, 아이들의 발달지원센터 등이 들어섰다.

자산 규모 45억 달러인 어피니티 신협은 해마다 순이익의 7%를 지역사회 후원과 협동조합 개발 자금으로 집행한다. 2011~2012년의 2년 동안 50명에게 5만 달러씩 마이크로크레딧을 제공했다. 서민주택 구입 때 선급금을 5만 달러까지 보증해주는 정부지원제도가 중단된 뒤에도 어피니티 신협은 자체 부담으로 사업을 이어가고 있다. 어피니티 신협의 지역개발 매니저인 아이린 개니초스(Irene Gannitsos)는 "정부 규제 범위 안에서 마이크로크레딧을 최대한 늘리고 있다. 서민주택 자금 대출도 일반 대출보다 10% 이상 부실률이 높지만, 끌어안고 가는 것이 맞다고 본다"라고 말했다. 그에게 이유는 명확하다.

"조합원과 지역사회에 기여하는 것이 신협의 존재 이유잖아요!"

농업은 협동조합이다

동서고금을 막론하고 농민이 가장 질기게 집착한 대상은 '내 땅'이었다. 농민이 일으킨 반란이나 혁명의 근저에는 한결같이 내 땅을 뺏기지 않겠다는 절규, 또는 한 뙈기라도 내 땅을 갖고 싶다는 간절한 소망이 자리 잡고 있었다.

하지만 내 땅을 가지는 것만으로 안정적인 소득은 보장되지 않았다. 개개 농민이 대규모 유통업체를 직접 상대하는 것은 농산물의 제값을 받기가 힘들었다. 선진국 농민들의 다음 행동은 협동조합의 설립이었다. 공동으로 자금을 모아 유통과 가공, 영농기술 개발, 농자재 구매 등을 책임지는 농협을 세웠다. 농민은 생산에 전념하고, 협동조합이 그 밖의 모든 것을 책임지는 일종의 분업체제를 갖추었다.

협동조합 선키스트는 기업 사명을 이렇게 적었다.

"우리는 농민 혼자서 할 수 없는 일을 여럿이 힘을 합쳐서 해낸다."

미국이나 유럽의 농민도 글로벌 대기업과 1대 1로 경쟁할 수는 없다. 거대 유통회사에서 가격을 후려치면 꼼짝없이 당할 수밖에 없다. 선진국의 농민이 선택한 협동조합은 농민도 살고 농업도 사는 길이었다.

'농업은 협동조합이다!' 선진국의 농업을 돌아보면, 이렇게 단언해도 지나치지 않다. 협동조합이 주식회사를 단연 압도한다. 미국의 선키스트와 웰치스(Welch's), 뉴질랜드의 폰테라(Fonterra)와 제스프리(Zespri), 덴마크의 대니시크라운(Danish Crown)과 알라푸즈(Arla Foods), 네덜란드의 그리너리(Greenery) 등 세계적인 농기업 다수는 협동조합이다. 주식회사이더라도 농민 조합원들이 지분

100%를 보유한 사실상의 협동조합이 많다.

이 중 덴마크의 대니시크라운과 알라푸즈는 시장을 완전히 장악했다. 폴린 그린(Paulin Green) 국제협동조합연맹 회장은 "덴마크 농민들의 협동조합은 오랜 시장경쟁에서 완전한 승리를 거뒀다. 낙농과 양돈에서 투자자 소유 기업이 이제 자취를 감추었다"라고 설명했다. 뉴질랜드에서는 협동조합 폰테라가 낙농시장의 95%를 평정했고, 제스프리는 합법적으로 키위 수출시장을 100% 독점하고 있다.

국제협동조합연맹이 발표한 세계 300대 협동조합기업(글로벌 300) 보고서에서도 협동조합기업의 외형이 가장 큰 분야는 농업이었다. 세계 300대 협동조합기업의 2008년 총매출은 세계 9위 경제대국인 스페인의 국내총생산을 능가하는 1조 6,000억 달러에 이른다. 그중 농업협동조합의 매출이 4,720억 달러로 28.85%를 차지한 것으로 나타났다. 금융과 소매업 분야의 협동조합 총매출은 각각 4,300억 달러와 3,540억 달러였다.

노동자협동조합 몬드라곤

노동자협동조합은 협동조합 중의 협동조합이다. 소비자협동조합의 조합원은 물건을 구입할 때만 '협동조합 가게'를 이용한다. 하지만 노동자협동조합의 조합원은 '협동조합 직장'에서 종일 일한다. '협동조합 가게'가 망하면 다른 가게를 이용할 수 있지만, '협동조합 직장'이 망하면 일자리를 잃는다. 그만큼 노동자협동조합은 조합비 부담도 크고, 조합원의 경영 참여도 활발하다.

노동자협동조합은 이익 극대화가 기업의 목적이 아님을 가장 잘 보여주는 증거이다. 노동자협동조합의 존재 이유는 노동자 조합원들을 위한 좋은 일자리를 창출하는 것이다. 노동자협동조합도 열심히 이익을 내기는 한다. 하지만 그 목적이 다르다. 더 좋은 일자리를 유지하기 위해, 그것을 뒷받침하기 위해 돈을 벌 뿐이다.

스페인의 몬드라곤그룹은 세계에서 가장 돋보이는 노동자협동조합의 성공 사례이다. 260여 개의 기업들을 포괄하는 거대한 협동조합 복합체로, 노동자협동조합들이 주축을 이룬다. 스페인에서 매출 9위, 고용 3위의 기업 집단으로 성장한, 외양만 보면 우리의 재벌그룹에 해당한다.

몬드라곤그룹은 1956년 스페인 바스크 지역의 작은 도시 몬드라곤에서 다섯 명의 조합원으로 시작했다. 울고르(ULGOR)라는 가스난로 제조회사가 효시이다. 1940년대부터 몬드라곤에 부임한 주임 신부 호세 마리아 아리스멘디아리에타(Jose Maria Arizmendiarrieta)가 울고르의 설립을 이끌었다. 가난한 지역사회 주민들의 좋은 일자리를 만든다는 것이 그때 이후 지금까지 한결같은 몬드라곤의 절대적인 기업 목표이다.

통상의 주식회사에서는 경영상 어려움이 닥칠 때 가장 먼저 직원 구조조정에 나서곤 한다. 인력을 과감하게 줄이거나 정규직을 비정규직으로 많이 대체해 수익성을 높인 경영자가 높이 평가받는다. 주주가 주인이고, 직원은 주주이익을 극대화하기 위한 수단에 지나지 않기 때문이다.

몬드라곤은 2008년 글로벌 금융위기 때에 '한 명도 해고하지 않은 기업'으로 세계의 주목을 받았다. 몬드라곤이라고 글로벌 금융위기를 피해갈 수는 없을 터인데, 어떻게 해고 없이 버텨낼 수 있었을까? 그 이유는 단순하고 명백하다. 노동자협동조합이기 때문이다. 노동자협동조합에서는 노동자 곧 직원이 주인이다. 아무리 기업 사정이 어렵더라도, 마지막까지 일자리를 지키려 애쓰는 게 노동자협동조합의 당연한 책무이다.

실제로 몬드라곤은 2008년에 8,000명의 직원을 최장 1년의 휴직에 들어가도록 했다. 다만 그룹의 공제협동조합인 라군아로(Lagun Aro)를 통해 급여의 80%를 지급했으며, 휴직이 끝난 뒤에는 원래대로 복직하거나 그게 여의치 않으면 재교육을 거쳐 그룹 내 다른 기업으로 배치받도록 했다.

몬드라곤은 그리스 발 금융위기가 스페인으로 확산된 2011년 이후에도 흔들리지 않는 모습을 보였다. 2011년에는 1억 2,500만 유로의 순이익을 기록했으며, 고용도 전년 수준을 유지했다. 스페

<그림 4-1> 몬드라곤의 사례를 발표하는 모습

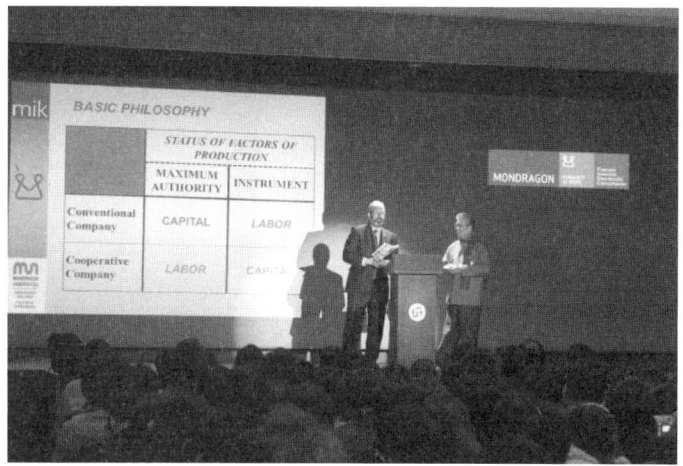

인의 실업률이 20%대 이상으로 치솟은 2012년에는 신규 채용을 줄이긴 했지만, 역시 직원 해고는 한 명도 하지 않았다.

몬드라곤의 조합원 직원들은 좋은 일자리의 혜택을 누리는 대신, 주인의 책임에 상당하는 출자금을 부담한다. 대략 출자금 규모가 각자 연봉 수준에 이른다. 조합원의 거액 출자금이 자신들의 일자리 안정을 위한 재원으로 쓰임은 물론이다.

스페인 최대 백색가전업체인 파고르(Fagor)가 이끄는 제조업, 한국의 이마트와 맞먹는 대규모 소매업체인 에로스키(Eroski) 등의 유통업, 스페인 5위권 금융회사인 노동금고(Caja) 등을 거느린 금융업이 몬드라곤의 3대 주력 사업 분야이다. 특히 노동금고는 1970년대 이후 몬드라곤의 눈부신 기업 확장 과정에서 결정적 역할을 했다. 기업 인수와 신규 사업 진출 자금을 공급하는가 하면, 어려움에 처한 관계사에는 충분한 '혈액'을 공급했다. 몬드라곤 대학과 기술연구소 이켈란(Ikerlan) 등의 지식 분야도 몬드라곤 복합체를 이끄는 핵심 경쟁력이다.

노동자협동조합으로 전환한 국내 프랜차이즈기업 해피브릿지의 송인창 이사는 몬드라곤 노동자협동조합의 성공을 이끈 힘을 세 가지로 정리한다. 첫째, 노동금고라는 금융의 존재이다. 소비자협동조합이나 금융협동조합과 달리 노동자협동조합은 주식회사를 능가하는 뚜렷한 경쟁 우위 요소가 없다. 자본조달이 어렵다는 부담이 오히려 더 크다. 노동금고의 자금 공급이 없었다면, 오늘의 몬드라곤은 존재하기 어려웠을 것이다.

둘째, 기업 집단의 형성이다. 몬드라곤의 지상 목표는 고용 안정이다. 하지만 그것도 사업이 잘 풀려야 가능하다. 산업의 사양화나 경영 실패로 기업이 무너진다면, 고용을 포기하지 않을 수 없다. 몬드라곤의 기업 집단은 노동유연성을 확보하면서 고용을 유지하는 큰 풀의 구실을 했다. 한 기업이 어려우면 불가피하게 사람을 줄이되, 다른 기업에서 받아주는 식이다. 셋째, 조합원의 출자 확대로 자본 확충 돌파구를 찾았다. 소비자협동조합의 출자금이 수만 원대라면 몬드라곤 조합원들은 수천만 원의 재산을 출자한다. 대체로 출자 규모가 한 해 연봉 총액과 맞먹는다. 해마다 발생하는 잉여금도 조합원에게 현금으로 지급하지 않는다는 합의를 이뤄냈다. 조합의 출자금으로 전환했다가 퇴직 때에 한꺼번에 목돈으로 돌려받도록 했다. 노동자협동조합의 치명적 약점인 자본조달의 어려움을 조합원들의 책임 분담으로 지혜롭게 극복한 것이다.

약자들을 위한 사회적협동조합

사회적협동조합은 사회적기업과 한 몸이지만, 협동조합 방식으로 사업체를 운영한다는 특징을 더했다. 여러 협동조합 형태 중에서 가장 늦게 태어났으나, 최근 들어서는 선진국을 중심으로 가장 많이 생겨나는 협동조합 형태이다. 세상을 바꾸려는 젊은이들과 지역사회의 뜻있는 주민들이 사회적협동조합의 혁신적인 사업모델을 끊임없이 창조해낸다. 스테파노 자마니 교수는 『협동조합으로 기업하라』에서 사회적협동조합의 사회적 효용을 적극적으로 설명한다.

덜 가진 자나 능력이 떨어지는 사람들이 더 가진 자의 부를 재분배받는 방식이 아니라, 사회적 약자들이 직접 생산에 참여하는 과정 그 자체를 통해 사회적 돌봄을 제공받게 된다.

사회적협동조합은 가난한 사람이나 소수자와 같은 경제적·사회적 약자들을 위해 '요람에서 무덤까지' 다양한 이타적 사업을 벌인다는 점에서, 기존의 협동조합들과 뚜렷한 차이가 있다. 앞에서 살펴본 소비자·금융·농업·노동자 협동조합은 경제적 약자들이 공동의 이익을 지키기 위해 공동 출자로 힘을 모은 경우이다. 우리들이 세운 우리들의 기업이지, 사회적협동조합과 같이 다른 사람까지 도와주는 사업체가 아니다. 사회적협동조합은 이탈리아에서 1991년에 법이 제정됐으며, 프랑스에서는 공익협동조합, 캐나다에서는 연대협동조합으로 불린다. 사회적협동조합은 서비스를 수행하는 조합원뿐 아니라, 서비스의 수혜자와 지역 공동체의 대표 등 두 개 이상의 이해관계자 집단의 조합원 참여를 의무화하기도 한다. 특정 집단의 이해에 빠지지 않고, 원래의 공익적 활동을 수행할 수 있도록 하기 위한 장치이다.

캐나다에서 무상 의료를 가장 먼저 시행한 서스캐처원 주에서는 의료 분야의 사회적협동조합이 주민들의 사랑을 받고 있다.

"1962년 7월 1일, 토미 더글러스(Tommy Douglas) 주지사의 메디케어법이 발효됐습니다. 캐나다 최초로 서스캐처원 주에서 전면 무상 의료를 시작한 혁명적인 사건이었죠. 그러나 대다수 의사들은 메디케어에 반대했습니다. 전면 파업에 들어갔죠. 메디케어를 지지하는 착한 의사들이 주민들과 뜻을 모았습니다. 그래서 태어난 게 우리 커뮤니티클리닉입니다."

인구 24만의 새스커툰 시내에 자리 잡은 '커뮤니티클리닉, 의료협동조합(Health Care Co-op)'의 홍보 담당자 잉그리드 라르손(Ingrid Larson)은 '아름다운 투쟁'의 역사를 자랑스럽게 이야기했다. "우리 새스커툰 클리닉은 150명이 일하는 규모로 성장했습니다. 1차 의료기관이지만 종합병원에 버금가는 통합 진료를 합니다." 세 아이의 엄마인 카를라 애서턴(Carla Atherton)은 "여기 의사와 간호사들은 다른 병원과 전혀 다르다. 너무 친절하고 우리 가족에 대해 모르는 게 없다"라고 말했다.

새스커툰 커뮤니티클리닉 대표인 팀 아처(Tim Acher)는 "우리의 장점은 통합 진료를 할 수 있고 의사들이 월급을 받는다는 점"이라고 말했다. "개인병원에서는 자기 과목만 진료를 하잖아요. 다른 치료를 받으려면 다시 예약해야 하고 많이 번거로워요. 여기는 여러 의사들이 협업을 해요. 재활 치료도 받을 수 있어요. 원스톱으로 환자를 돌보는 거죠. 의사들은 환자한테 정성을 쏟아요. 월급이 정해져 있으니, 억지로 환자를 많이 받으려 하지 않거든요. 일반 개인병원에서는 생각하기 어려운 일이죠." 커뮤니티클리닉에서는 진료뿐 아니라 질병 예방과 건강 교육에도 힘을 쏟는다.

커뮤니티클리닉의 조합원이 되려면 연회비 15달러(가족 30달러)를 내면 된다. 조합원이 아니어도 진료를 받을 수 있지만, 연회비를 내는 조합원이 1만 명을 넘는다. 조합원이 되면 병원 운영에 목소리를 낼 수 있기 때문이다. 총회에서 이사진을 선출하고, 뉴스레터 ≪포커스≫도 받아볼 수 있다. 새스커툰 커뮤니티클리닉은 환자가 너무 많아 감당하기 어렵다는 행복한 고민을 하고 있다.

현대공연예술의 모든 것을 보여준다는 '태양의 서커스'는 캐나다와 퀘벡의 상징이다. 세계 최대의 서커스 공연기업으로 한 해 매출이 10억 달러를 넘어선다. 태양의 서커스는 1984년 퀘벡 주의 몬트리올에서 열 명의 단원으로 시작했다. 한국으로 치면, 중소도시를 전전하는 유랑극단이 불과 20여 년 만에 세계를 호령하는 기업이 됐다. 무엇이 오늘의 태양의 서커스를 탄생시켰을까?

이들이 둥지를 튼 곳은 몬트리올 북부의 석회석 채석장과 쓰레기 매립장 지대였다. 악취와 가스가 이어졌다. 이곳을 세계 서커스의 메카로 탈바꿈시킨 것은 이 지역 출신 젊은 여성 무용가였다. '서커스를 통해 지구와 인간의 지속 가능한 발전의 길을 모색'하는 것을 목표로, 사회적기업 '라 토후(La Tohu)'를 세웠다.

우선 메탄가스를 화력발전 연료로 재활용해, 주변 지역 1만 가구에 전기를 공급했다. 이어 태양의 서커스 본부와 서커스 공연장을 지었다. 데자르댕신협에서 자금을 지원받았다. 1987년에는 국립 서커스학교를 세웠다. 지역 청소년에게 서커스를 가르쳐 일자리를 제공했다. 태양의 서커스의 최고경영자인 기 라리베르테(Guy

Laliberte)는 언론과의 인터뷰에서 "길거리는 신뢰와 충성을 배우게 한다"라고 말했다. '내가 너를 돌봐주면, 너 역시 다른 사람을 돕고 그게 나한테도 결국 도움이 될 것'이라는 협동조합의 가치가 바탕이 됐다는 것이다. 퀘벡 주의 협동과 연대의 가치를 보여주는 사례는 태양의 서커스에 그치지 않는다. 주거와 의료 등 다양한 분야에서 수많은 연대협동조합과 사회적기업이 존재한다.

공동체 있는 곳에 협동조합 있다

협동조합은 공동체에서 자라난다. 사람들을 신뢰라는 끈으로 묶는 공동체의 유대가 공동체 사업의 토양이기 때문이다. 실제로, 건강한 세계 협동조합의 다수는 마을과 교회라는 공동체에 뿌리를 두고 있다.

대한민국에서 건강한 협동조합이 자라나지 못한 까닭 또한 지역 또는 마을공동체의 붕괴에서 찾을 수 있을 것 같다. 농촌 공동체는 재생산의 기반이 무너졌고, 아파트가 점령한 도시에서는 공동체가 숨을 쉬지 못하고 있다. 최근 들어 도시의 아파트에서 협동조합의 기운이 일어나고, 도농 각 지역에서 마을 만들기 운동이 벌어지는 것은 그나마 다행스러운 일이다.

2013년 방문한 캐나다 서스캐처원 주의 작은 농촌마을에서 지역에 뿌리를 둔 협동조합의 원형을 잘 살펴볼 수 있었다. 일곱 개의 협동조합이 살아 있는, 인구 320명의 러노어호수(Lake Lenore) 마을이었다.

러노어호수 마을을 방문한 5월 31일, 마침 마을회관에서 바비큐 파티가 벌어지고 있었다.

"암 연구를 지원하고 마을 사업을 후원하는 기금 모금 파티예요. 주민들의 자원봉사로 바비큐 햄버거를 만들고, 주민들이 5달러를 내고 점심을 사먹지요. 어르신들에게는 즐거운 자리가 되고요. 아이들은 선생님이 데리고 와요."

자원봉사를 하던 글렌다 허버너(Glenda Hurbner)는 "200명의 주민이 행사에 참여했다. 1,000달러 이상의 기금이 금세 모아졌다"라며 즐거워했다. 이날 파티가 열린 러노어호수 마을회관은 그 자체가 협동조합이었다. 1979년 마을회관을 새롭게 단장하면서 회관 운영을 맡을 협동조합을 결성했다.

1996년 가을, 마을에 하나밖에 없는 식품점이 문을 닫는다는 소식이 전해졌다. "날벼락이었지요. 식품점이 없어지면 먹거리 하나 사려고 33km 떨어진 훔볼트로 나가야 하거든요. 주민들이 마을회의를 열어 가게를 살리기로 하고 위원회를 조직했어요." 당시 위원회 멤버로 가게 인수 협상에 나섰던 베릴 바워(Beryl Bauer)는 훗날 식품협동조합이 세운 뒤 줄곧 이사장을 맡고 있다. "인수 자금을 조달하고 가게를 운영할 법적 주체가 필요했어요. 자연스럽게 협동조합을 세우자는 결론에 도달했지요. 주민들은 협동조합에 대한 융자 형식으로 각자 500달러를 냈지만 사실상 기부였어요."

무엇보다 선배 협동조합들의 도움이 결정적이었다. 마을회관협동조합에서는 그전까지 쓰고 남은 8,000달러를 전액 무상으로 제공했다. 나머지 4만 달러가량의 자금은 마을의 어드밴티지 신용협동조합에서 저금리로 지원받았다. 최초 물품 구입 자금 4만 5,000달러는 러노어호수 농협에서 빌렸다. 15년이 넘도록 상환 요구가 없으니 사실상 무상 기부를 받은 셈이다. 매장 공사는 바닥 타일부터 페인트에 이르기까지 남녀노소 마을 주민들의 울력으로 해결했다. 지붕 슬레이트는 주민 110명에게 한 개씩 기부를 받았다. 지붕 공사는 주민 32명이 힘을 합쳐 토요일 하루 동안 깔끔하게 마무리했다. 1997년 3월 15일, 천신만고 끝에 러노어호수 식품협동조합 매장이 문을 열었다.

2004년에는 새로운 형태의 협동조합을 '창조'했다. 서스캐처원 주에만 볼 수 있는 유일한 온실협동조합이었다. 주민 25명이 2,500달러씩 협동조합에 융자하는 방식으로 설립자금을 모았다. 이때에도 어드밴티지신협이 나섰다. 모자라는 자금 7만 5,000달러를 좋은 조건으로 공급했다. 온실협동조합의 사업은 성공적이어서, 5~6월 두 달만 운영하고도 연 2만 달러 이상의 순이익을 올린다.

공동육아협동조합은 러노어호수 마을에서 자랑하는 또 하나의 성공 사례이다. 캐나다의 시골마을에서도 젊은이들이 귀하기는 마찬가지여서 새로운 피가 돌려면 아이들을 돌보는 공간이 절실했다. 2011년 정부 지원을 받아 조합원 28명이 학교 공간을 공동육아시설로 리모델링했다. 어드밴티지신협을 비롯한 지역사회 기관들도 현금 5,000달러와 가구 등을 기부했다. 지금은 열다섯 명의 아이들이 돌봄을 제공받고 있다. 호수에서 고기잡이를 하는 어민들의 협동조합과 재해보험을 제공하는 협동조합도 활발하게 활동하고 있다.

러노어마을의 협동조합들은 '협동조합 간의 협동'과 '지역사회 기여'라는 대원칙을 실천한 모범 사례라는 점에서 더더욱 돋보인다. 그리고 그 한가운데에 어드밴티지신협이 있다. 식품협동조합도, 온실협동조합도 신협의 자금 지원이 없었다면 세상의 빛을 보기 어려웠을 것이다. 마을주민은 어드밴티지신협에 대해 다음과 같이 말했다.

"어드밴티지신협은 1960년대에 세워졌어요. 몬트리올은행이 우리 마을을 버리고 떠난 직후였죠. 마을 주민들이 출자금을 모집해 신협을 세웠어요. 이제 신협은 우리 마을에 없어서는 안 될 보물이에요. 바비큐 파티 식재료도 신협에서 공급하고, 아이들 협동조합 캠프 비용도 신협에서 지원해요."

도시로 떠난 사람을 포함해 780명의 조합원을 보유한 어드밴티지신협은 마을관계위원회를 설치해 마을 후원사업의 범위와 규모를 결정한다.

가장 오래된 러노어호수 농협은 종자와 비료 공급, 주유소 운영, 농기계 판매 및 공동 이용 등 규모 있는 사업으로 연 2,000만 달러의 매출과 100만 달러 이상의 안정적인 순이익을 올리고 있다. 협동조합의 맏형답게 동생 협동조합을 밀어주고 당겨주는 구실을 톡톡히 한다. 농협 조합원 770명은 대부분 신협과 식품 및 온실협동조합 설립을 이끈 조합원이기도 하다. 레지 프로달(Res Prodahl) 농협 이사장은 "동생 협동조합들이 어려울 때 끌어주는 것은 우리 협동조합의 당연한 의무이다. 여러 협동조합의 조합원도 다 같은 우리 마을 주민들"이라고 강조했다.

이것도! 별별 협동조합

영국에서는 협동조합학교(cooperative school) 열풍이 불고 있다. 2008년 스톡포트에서 시작해 불과 3년 만에 200개를 넘어서더니, 2012년 말에는 무려 411개로 불어나는 급증세를 이어가고 있다. 2013년 말까지 500개에 이를 것이라 한다. 영국의 협동조합 부문을 통틀어 가장 급속히 성장하는 분야이기도 하다.

"협동조합학교가 이렇게 많아질 것이라고는 아무도 예상 못 했어요. 2008년에 누군가 이렇게 예측했다면, 미친놈 취급을 받았을 겁니다. 지금은 교장선생님들 사이에 '협동조합교육이 바로 우리가 원하던 교육'이라는 인식이 공유되고 있습니다. 협동조합학교가 계속 늘어날 겁니다."

영국 맨체스터 협동조합대학의 교육담당책임자인 줄리 소프(Julie Thorpe)는 협동조합학교에 대해 "협동조합의 문화가 넘치는 학교"라고 간명하게 설명했다. "협동조합 방식으로 운영하는 데 그치지 않고, 수업 내용을 포함한 학교 생활 전체에 협동조합 원칙을 적용합니다. 협동조합 방식으로 교육을 해보니, 이거야말로 가장 훌륭한 교육이라는 결론을 내리게 된 겁니다."

'왈리레인지 고등학교'의 제인 반스(Jane Barnes) 교감은 협동조합학교로 전환하던 당시의 일화를 털어놓았다. "이사회 멤버들이 합숙하면서 토론을 했습니다. 벽의 한쪽에는 간절하게 원하는 교육이 무엇인지 적고, 다른 쪽에는 협동조합의 7대 원칙을 적어놓았습니다. 거의 일치하더군요. 협동조합 방식이 최고의 교육임을 확인했던 거죠." 반스 교감은 "협동조합학교로의 전환은 70개 언어와 문화가 뒤섞여 있는 우리 학생들을 하나의 공동체로 살아가게 하는 계기가 됐다"라고 말했다.

영국의 협동조합학교는 별도의 협동조합 법인격을 채택하는 것은 아니다. 학교의 정관에 협동조합의 원칙과 방식을 명시적으로 못 박으면, 협동조합학교로 인정받는다. 협동조합학교의 이사회는 학생, 교사, 학부모, 교직원, 지역사회 각각의 조합원 대표들로 구성된다. 졸업생 대표도 이사회 멤버로 참석한다.

시장만능주의의 나라라는 미국에서도 다양한 협동조합이 위세를 떨치고 있다. 그중 보스턴의 하버드 대학을 찾는 관광객이 꼭 들르는 미국 대학 최대 규모의 하버드 서점이 바로 협동조합이다. 입구 양쪽에는 빨간 바탕의 '협동조합(The Coop)' 로고가 휘날린다.

관광명소가 된 하버드 협동조합 매장은 1882년에 주머니가 가벼운 학생들이 1달러씩을 출자해 세웠다. 비싼 전공서적과 학습도구를 값싸게 구입하기 위해서였다. 조합원 출자금은 130년이 지난 지금까지도 1달러이다. 1916년에는 근처로 캠퍼스를 옮겨온 매사추세츠공과대학(MIT) 학생들도 동참했다.

여섯 개 매장을 거느린 하버드와 MIT 협동조합의 2011년 매출은 4,332만 2,622달러(약 500억 원)에 이르렀다. 비용을 제하고 남은 수익 중 108만 달러(약 12억 4,000만 원)를 조합원들에게 배당금으로 돌려줬다. 각 조합원의 배당금액은 협동조합의 원칙에 따라 연간 구매 실적에 비례해 책정됐다. 지난해 협동조합에서 물건을 구입한 조합원들이 모두 3만 5,000명이었고 배당률이 8.5%였으니, 10만 원을 구입한 학생은 8,500원을 돌려받았다. 협동조합은 조합원 배당 이외에 100만 달러 이상을 두 대학에 제공했다. 브랜드 사용료와 기부금 등의 명목이었다.

이탈리아 에밀리아로마냐 주는 협동조합 천국으로 불린다. 다양한 협동조합기업에서 창출하는 매출 총액이 인구 400만 명인 지역총생산의 30%에 이른다. 농업·소비자·은행·주택·유치원은 물론이고 홍보와 극단에 이르기까지 협동조합의 사업 방식이 뻗치지 않은 분야가 없다.

에밀리아로마냐 주를 대표하는 협동조합으로 급식업체인 캄스트(CAMST)를 빼놓을 수 없다. 8,000명의 직원이 이탈리아 단체급식시장의 7%를 공급한다. 대규모 노동자협동조합이기도 하다. 제2차 세계대전 직후 요리사와 웨이터, 바텐더 들이 생업을 위해 세웠다. 그때나 지금이나 노동자 조합원에게 좋은 일자리를 제공하는 것이 캄스트의 기업 목표이다.

세계적인 명문 축구클럽인 스페인의 FC바르셀로나 또한 협동조합이다. 덴마크에서는 모든 스포츠클럽이 협동조합이라고 한다. 영국 맨체스터에서도 맨체스터유나이티드(맨유)의 상업주의에 실망한 축구팬들이 별도의 협동조합 축구클럽을 키워나가고 있다. 2013년에는 전용구장 건립에 들어간다.

협동조합은 절박한 상상력의 산물이다. 절박한 필요가 있는 곳이면 어떤 사업 영역이건 협동조합이 생겨날 수 있다. 분야는 무궁무진하다. 자본이 없더라도 사람의 뜻과 능력을 모으면 된다. 상상력을 발휘해보자.

협동조합도 망한다

협동조합은 다루기 힘든 기업이다. 실패한 협동조합도 적지 않다. 1996년 이후 주식회사로 옷을 갈아입은 캐나다의 서스캐처원 휘트풀(Saskatchewan Wheat Pool)이 대표적이다. 휘트풀은 캐나다 최대의 농업협동조합이자 곡물업체였다.

1996년 2월 시작된 휘트풀의 기업공개는 12달러의 가격으로 순조롭게 출발했다. 협동조합의 정체성을 유지하면서 글로벌 투자에 필요한 재원을 확보하기 위한 방편으로, 처음엔 의결권 없는 주식을 시장에 내놓았다. 이듬해 말에 갑절 이상의 가격으로 잠시 뛰었으나 이후 끝없는 내리막이 이어졌다. 2003년 4월에는 0.2달러의 휴지조각이 되고 말았다.

서스캐처원 협동조합의 산증인인 해럴드 채프먼(Harold Chapman)은 "주식회사로 가면 돈을 더 많이 벌 수 있다고 경영진이 설득하자 농민들이 쉽게 넘어갔다. 조합원 스스로 협동조합을 버리고 주식회사를 선택한 충격적 사건이었다"라고 말하며 안타까워했다. 그는 "휘트풀 사건은 협동조합에서 교육이 왜 필요한지 되새기게 한다. 1990년대 휘트풀의 조합원들은 협동조합 교육을 제대로 받은 적이 없었다"라고 지적했다.

할아버지 대부터 휘트풀 조합원이었던 서스캐처원의 농부 캐런 티는 "1996년 이후 휘트풀이 주식회사로 바뀐 것은 우리 가족에게 너무 슬픈 이야기이다. 당시 주식회사 전환이 불가피하다는 경영진의 말을 이사진이 곧이곧대로 믿었던 것이 잘못이었다"라고 말했다. 캐런 티는 "여러 단계를 거쳐 대의원을 뽑고 이사진을 선출하는 과정에서 민주주의가 제대로 작동하지 않았다"라고 꼬집었다.

서스캐처원 대학의 머리 풀턴(Murray Fulton)과 캐시 라슨(Kathy Larson) 교수는 『협동조합 딜레마(A Cooperative Dilemma)』에 실은 보고서에서 "휘트풀은 협동조합으로서도, 주식회사로서도 실패했다"라고 질타했다. 글로벌 경영환경 변화에 대응하지 못했고, 기업공개 이후 성급하고 부실한 투자가 이어졌고, 최고경영자가 독선적인 의사결정으로 실책을 남발했으며, 경영진이 정보를 독점하고 이사회는 무능하게 따라가는 대리인의 문제가 발생했다. 결국 조합원과 투자자 어느 쪽의 이해도 반영하지 못하는 최악의 사태가 벌어졌다고 분석했다.

휘트풀의 핵심 자산인 소규모 목재 엘리베이터(곡물창고)가 성장의 발목을 잡으면서, 대규모 콘크리트 엘리베이터에 대한 투자가 불가피해졌다. 그러나 협동조합 휘트풀의 이사회와 경영진은 10년 이상 적극적인 의사결정을 미루었고, 그 사이 순이익이 1억 5,000만 달러에서 1990년대 중반 5,000만 달러대로 떨어졌다. 은퇴하는 노령 조합원들의 출자 지분을 현금으로 상환해주는 데 추가로 1억 달러 이상의 재원이 필요했다.

위기의식이 높아지면서 1995년에 대의원들의 압도적인 지지로 무의결권주 상장 결정이 이뤄졌다. 1993년에 새로 취임한 돈 로언(Don Loewen) 최고경영자가 거칠게 탈협동조합을 밀어붙였고, 무차별적인 대규모 해외투자를 감행했다. 하지만 연이은 투자 실패로 장기부채가 1996년 9,300만 달러에서 1999년 5억 1,800만 달러로 다섯 배나 늘어났고, 만년 흑자 기업이던 휘트풀이 1999년 처음으로 1,400만 달러의 순손실을 기록했다. 순손실 폭은 이듬해 9,700만 달러로 수직 상승했다.

최고경영자는 협동조합의 민주주의 문화를 바꾸려는 의도를 감추지 않았고, 무능한 이사회는 두 손을 놓고 있었다. 농민 조합원 중에서 뽑힌 이사들 중에는 법률·마케팅·재무 분야의 전문가가 없었다. 글로벌 투자 규모가 커지면서 작은 농장을 경영하던 이사진의 역량으로 경영을 감독할 수 있는 수준을 넘어섰다. 경영진이 내놓는 자료에 전적으로 의존하는 정보의 비대칭이 심화됐다.

휘트풀의 기업공개는 조합원과 투자자 어느 쪽의 이해도 충족시키지 못했다. 주가와 수익성이 곤두박질치니, 투자자들의 외면을 받지 않을 수 없었다. 또 시장점유율의 급속한 하락은 조합원의 이탈을 불렀다. 서스캐처원 곡물시장에서 휘트풀의 점유율은 1980년대 내내 60% 이상이었으나, 1990년 이후 불과 5년 사이에 35%로 떨어졌다. 조합원의 지분율도 기업공개 직후 54%였으나, 3년 뒤인

1999년에 30%로 떨어졌다. 조합원을 지켜주지 못하는 협동조합에서 조합원들이 이탈했으며, 일부는 직접 곡물창고 운영 사업에 뛰어들어 휘트풀의 경쟁자로 나서는 일이 벌어졌다.

머리 풀턴과 캐시 라슨은 보고서의 결론에서 "협동조합은 복잡한 조직이다. 경영 환경이 급변하고 조직 생존이 위협받는다고 해서 성급하게 변화를 추진해서는 안 된다. 기존의 의사결정 시스템이 고장 난 상황일수록 더더욱 그렇다"라고 지적했다.

5

아하! 협동조합 상식

협동조합의 정의

각 협동조합 관련 단체에서는 협동조합에 대한 정의를 선언한 바 있다. 1995년, 국제협동조합연맹의 협동조합 정체성 선언문에서는 "협동조합은 공동으로 소유하고 민주적으로 운영되는 기업(enterprise)을 통해 공동의 경제적·사회적·문화적 필요와 욕구를 충족시키기 위해 자발적으로 모인 사람들의 자율적 단체(association)"라고 정의했다. 또 미국 농무부(USDA)에서는 "협동조합은 이용자가 소유하고 통제하며 이용 규모를 기준으로 이익을 배분하는 사업체(business)"라고 선언했다.

이 정의에 따라 주식회사로 대표되는 자본주의 기업과의 차이점을 정리해보자.

첫째, 목적이 다르다. 협동조합은 조합원인 이용자가 소유하는 기업이고, 조합원 공동의 편익을 충족시키는 것이 목적이다. 반면 주식회사는 투자자가 소유하는 기업이고, 자본을 투자한 주주의 이익을 극대화하는 것이 목적이다. 협동조합은 시장에서 사업을 영위한다는 점에서 협회 조직과도 명확하게 구별된다. 협회는 경제활동을 하지 않는다.

둘째, 자본이 아니라 사람에 의해 조직이 통제된다. 주식회사의 1주 1표와 달리 협동조합은 1인 1표이다. 1인 1표는 협동조합이 소수의 주주가 아니라 조합원 공동의 요구에 부응하게 만드는 장치이다.

셋째, 사업 이익의 배당이 다르다. 협동조합은 조합원이 사업을 이용한 실적에 비례해 잉여금을 배당한다. 주식회사처럼 보유 지분이 많은 사람이 더 많은 배당을 가져가지 않는다. 예를 들어 소비자협동조합에서 조합원 A가 1년 동안 1,000만 원의 물건을 구입하고, 조합원 B가 100만 원의 물건을 구입했다면, A의 연말 배당액이 B의 열 배가 된다. 두 조합원의 출자액과 배당액은 전혀 무관하다.

다음은 국제협동조합연맹이 1995년에 발표한 협동조합의 7대 원칙이다.

1. 자발적이고 개방적인 가입

협동조합은 자발적인 조직이자 기업으로서, 조합의 서비스를 이용할 수 있고 조합원의 책임을 다할 의지가 있는 모든 사람에게 성·사회·인종·정치 및 종교의 차별 없이 열려 있다.

2. 조합원에 의한 민주적 통제

주주의 투표권이 보유 지분에 따라 정해지는 자본주의 회사와 달리, 협동조합 운동은 어떤 단계에서도 '1인 1표'를 규칙으로 채택한다.

3. 조합원의 경제적 참여

조합원들은 똑같은 규모는 아니라도 공평하게 협동조합의 자본에 참여하며 그 자본을 민주적으로 통제한다.

4. 자율과 독립

협동조합은 조합원들에 의해 통제되는 자율적이고 자조적인 조직이다.

5. 교육, 훈련 및 홍보

협동조합은 조합원, 선출된 대표자, 경영 관리자, 조합 직원들에 대해 적절한 교육과 훈련을 제공한다(로치데일 조합의 원칙에서는 매년 잉여금의 2.5%를 연구와 조합원 교육에 배정했다).

6. 협동조합 간의 협력

협동조합 활동은 자기 조직 내부로 국한하지 않는다. 협동조합들은 지방, 국가 및 지역, 세계 차원에서 서로 협력함으로써 조합원들에게 가장 효과적으로 봉사하고 협동조합 운동의 힘을 강화시킨다.

7. 지역사회 기여

맨체스터 총회에서 추가된 새로운 원칙이다. 협동조합은 조합원들의 동의를 얻어 조합이 속한 지역사회의 지속 가능한 발전을 위해 노력한다.

협동조합의 여러 유형

1844년 영국 맨체스터 인근에서 탄생한 로치데일협동조합은 세계 최초의 협동조합으로 꼽힌다. 소비자협동조합이다. 영국의 로치데일 모델은 영국의 경제학자들이 19세기 '소비자 주권'의 목소리를 높일 때, 이념적 헤게모니 구실을 했다. 영국에서는 소비자협동조합이 번성하면서, 다른 형태의 협동조합은 제대로 뿌리내리지 못했다.

협동조합의 두 번째 유형은 프랑스에서 생겨난 노동자협동조합(한국의 「협동조합기본법」에서는 직원협동조합)이다. 19세기 중엽 목수들에 이어 금세공인·석공·제빵사들의 노동자협동조합 결성이 이어졌다. 20세기 초에는 파업 과정에서 200개 기업이 노동자협동조합으로 전환하기도 했다.

세 번째 유형은 독일에서 시작한 신용협동조합과 협동조합은행이다. 1849년 프리드리히 빌헬름 라이파이젠(F. W. Raiffeisen)이 라인 계곡의 안하우젠이란 농촌 마을에서 신용협동조합을 처음으로 설립했다. 라이파이젠신협은 1910년에 이미 1만 5,517개에 이르고, 조합원이 260만 명으로 불어났다. 독일의 도시에서는 헤르만 슐체 델리치(Hermann Schulze Delitzsch)가 민중은행(people bank)를 설립했다.

스칸디나비아에서 발전한 농민협동조합이 네 번째 유형이다. 루터파의 니콜라이 프레데리크 세베린 그룬트비(Nikolai Fredrik Severin Grundt'vig) 주교가 농민들을 설득해 협동조합과 학교를 세우도록 했다. 덴마크에서는 1882년 낙농협동조합들을 시작으로 1887년 도축가공협동조합이, 1898년 가축수출협동조합이 결성됐다. 1899년 덴마크협동조합중앙위원회가 창설됐다. 스웨덴과 핀란드도 비슷했다.

마지막 다섯 번째 모델이 사회적협동조합이다. 사회적 부조와 연대를 목적으로 1963년 이탈리아에서 처음 생겨났다. 교육, 돌봄, 여가, 장애자 지원 등 주로 정신적 필요를 충족시키는 사업을 공동으로 하면서, 조합원뿐 아니라 다른 사람을 위해서도 활동한다는 두 가지 특징을 지녔다. 조합원과 함께 서비스의 수혜자들과 지역공동체 대표들도 의사결정기구에 참여한다. 사회적협동조합은 유럽 사회적기업의 원형으로 인정받는다.

최초의 성공적인 협동조합 로치데일

1840년대 로치데일 노동자들의 생활은 비참했다. 예닐곱 살이면 일을 시작했고, 야학이나 주일학교에서 공부할 수 있으면 다행이었다. 노동자들은 정치운동을 벌이고 노동조합과 협동조합을 세우고자 했지만, 어느 것도 제대로 결실을 거두지 못했다. 1844년 찰스 하워스(Charles Howarth)를 중심으로 가난한 노동자 28명이 끈질긴 노력 끝에 28파운드의 출자금을 모으는 데 성공했다. 마침내 토드레인 거리에 속임수 없이 정직하게 밀가루, 버터, 설탕과 오트밀을 판매하는 작은 가게를 열었다. 협동조합 가게는 현금 정가판매, 구매량에 비례한 연말 배당, 다른 가게에서 구매할 수 있는 자유, 최저 금리 대출, 1인 1표(여성 조합원도 투표권을 갖는다), 정치적 중립과 관용이라는 여섯 가지 원칙을 정했다. 협동조합 가게는 큰 성공을 거뒀다.

가구, 정육점, 신발, 양복점 코너를 잇달아 개설해 장인들에게 일거리를 제공했으며, 1850년에는 로치데일 제분공장을 설립해 직접 밀가루를 생산했다. 영업 잉여금의 2.5%를 교육훈련비로 적립해 도서관을 열고 학교를 세웠다. 훗날 생산협동조합, 건축협동조합과 신용협동조합의 설립도 추진했다.

로치데일에 앞서 로버트 오언(Robert Owen)이 추진한 이상적인 협동조합 운영은 실패로 끝났다. 협동조합의 선구자인 오언은 시장가격보다 낮게 판매했고 결국 기업의 파산을 자초했다. 서민을 이롭게 한다는 사회적 가치를 지나치게 앞세운 나머지, 기업으로서 이익을 내야 한다는 경제적 가치를 간과했던 것이다.

로치데일은 오언의 실패를 반면교사로 삼아, 사회적 가치와 경제적 가치를 잘 조화시킨 성공모델을 만들어낸 것으로 높이 평가받는다. 조합원들에게도 시장가격으로 물건을 팔아 협동조합기업이 잉여금을 남기고 재투자 재원을 확보할 수 있도록 했다. 대신 조합원들에게는 연간 이용실적에 비례해 잉여금을 배당해주어, 협동조합 거래의 이점을 톡톡히 누리도록 했다.

한편으로는 자본조달의 어려움이라는 협동조합의 단점을 극복하면서, 다른 한편으로는 조합원의 충성심이라는 협동조합의 장점을 매출 확대로 연결시키는 데 성공했다.

협동조합은 시장경제와 공존한다

"협동조합은 시장을 반대하지 않는다. 오히려 시장경제를 전제로 한다. 시장을 다르게 이해할 뿐이다."

이탈리아 볼로냐 대학의 스테파노 자마니 교수의 말이다. 그는 시장경제와 자본주의경제를 동일시하는 것이 심각한 착각이라고 지적한다. 시장경제가 '속'이라면 자본주의경제와 협동조합경제(또는 사회적경제)는 그 아래의 '종'에 해당한다는 것이다.

자마니 교수는 『협동조합으로 기업하라』에서 협동조합을 두 얼굴의 야누스라고 말한다. 시장 안에서 작동하고 그 원리를 받아들이면서도, 경제 외적인 목적을 추구하기 때문이다. 통상적인 경제학에서는 이기적인 목적을 추구하지 않는 협동조합 경제주체의 행동을 설명하지 못한다.

경제학 또한 자신의 사적 이익을 추구한다는 개인의 합리성이 유일한 경제적 합리성은 아니라는 점을, 이제는 겸손하게 인정해야 한다. 그래서 협동조합 같은 기업의 경제적 행동은 (자본주의와) 다른 동기로 작동하며, 자본주의 기업의 단순한 도구적 합리성과 다른 나름의 합리성을 띠고 있다는 사실을 받아들여야 할 것이다. 자유시장경제가 적절하게 작동하기 위해 반드시 다윈 식 적자생존을 전제할 필요가 없다는 뜻이다.

협동조합은 자본주의 기업과 마찬가지로 시장 안에서 경쟁한다. 다만 '슈퍼스타 효과', 즉 승자가 독식하고 패자는 모든 것을 잃는 방식을 채택하지 않을 뿐이다. 내가 더 많이 가지기 위해 다른 사람을 희생시키는 일은 어떤 경우에도 있을 수 없다는 공동선의 원리를 추구한다. 누구도 예외 없이 인간으로서의 기본권을 누린다는 생각은 1인 1표의 민주적 지배 구조로 구현된다. 협동조합은 승자 독식의 경쟁을 배격한다. 시장에서 협력하면서 경쟁하고, 경쟁하면서 협력하는 일이 가능하다고 본다.

협동조합의 경쟁력

캐나다 퀘벡의 경제개발부는 성공한 협동조합들을 조사해 ①이윤보다 조합원 편익 우선, ②투자자이자 소비자인 조합원의 역할, ③개방적인 지배 구조, ④지역사회의 홍보 기반 구실 등, 공통적인 속성을 도출해냈다. 또 농업과 돌봄·장례·교육 등 기본적인 인간 욕구에 부응하는 사업에 집중하고, 지역 단위에서 사업을 벌이고, 사회적 지원을 받는다는 세 가지 요인을 추가로 들었다.

두 가지로 줄여 정리하면, 첫째, 협동조합이란 조합원들의 욕구에 부응해 주식회사보다 더 많은 편익을 제공하고, 둘째, 이 때문에 투자자이자 소비자인 조합원들이 충성스럽게 협동조합을 이용한다는 것이다.

앞에서 해외와 국내 소비자협동조합 사례에서 보았듯이, 협동조합은 마케팅 비용을 훨씬 덜 들이고도 충성 고객을 유치하는 엄청난 경쟁력을 보유하고 있다. 조합원이 바로 주인이기 때문이다. 조합원 스스로 협동조합 매장에서 더 좋은 물건을 더 값싸게 구입할 수 있다는 사실을 잘 알고 있다. 실제로 한국의 생협은 임대료가 저렴한 이면도로변에 가게를 얻고 광고비 지출도 거의 하지 않는다. 그렇게 경비를 절약해 조합원 판매가격을 더 내리고, 그래서 조합원은 조금 멀더라도 '우리 가게'를 충성스럽게 찾아가는 것이다. 가장 뛰어난 주식회사도 도저히 범접하기 어려운 충성 고객을 태생적으로 확보하고 있다.

또 하나, 협동조합에는 주주가 없다는 중요한 사실을 다시 상기해보자. 주주가 없으니 기업 이익을 극대화하라는 요구도 없다. 대신 협동조합의 주인은 매장을 이용하는 소비자, 직장에서 일하는 노동자, 또는 원재료 공급자이다. 그 조합원들에게 최대한의 편익을 제공하는 것이 협동조합의 존재 이유이다. 최대한 소비자 가격을 낮추고, 노동자 근로조건을 개선하고, 농산물을 비싸게 구입한다. 이러니, 조합원 고객의 충성도가 높아지지 않을 수 없다.

100원어치 물건을 생산하는 주식회사를 상정해보자. 재료비와 인건비로 75원이 투입돼, 25원이 남았다고 치자. 25원은 1차적으로 주주의 몫이 될 것이다. 재료비와 인건비를 더 줄이거나 가격을 올려 주주 이윤을 극대화할수록, 경영자는 훌륭한 평가를 받을 것이다. 협동조합에서는 무엇이 달라지는가? 주주가 없다는 점을 잊지 말자. 소비자협동조합에서는 25원을 가격인하분으로 많이 돌릴 것이다. 소비자가 조합원, 곧 주인이기 때문이다. 농민협동조합에서는 농산물을 더 비싸게 사주는 비용으로 25원에 상당하는 금액을 투입하게 된다. 노동자협동조합이라면? 급여를 올리고 노동조건을 개선하는 데 25원이 쓰일 것이다. 신용협동조합에서는 은행 문턱을 넘지 못하는 서민에게 신용대출을 제공하고 그 금리를 더 낮추는 데 25원을 쓸 것이다. 더 값싸게 팔고, 더 비싸게 사들이고, 더 많은 급여를 지급하면서도 협동조합이 지속 가능한 기업으로 살아남는 이유이다.

경제민주화, 복지, 사회책임경영, 좋은 일자리, 물가 안정

협동조합의 경제적·사회적 순기능은 참 많다. 여러 선진국에서 여성에게 투표권을 부여한 것은 20세기의 일이다. 독일 1918년, 미국 1920년, 영국 1928년이다. 협동조합은 훨씬 전인 1844년으로 올라간다. 로치데일협동조합은 처음부터 여성에게도 똑같이 1인 1표를 부여했다. 그 시대의 로치데일은 일반 시민의 건전한 결정을 신뢰할 수 있고 민주주의가 작동할 수 있음을 보여주는 중요한 사례였다. 민주주의가 무정부주의와 다르다는 점을 웅변해, 완전한 1인 1표의 정치민주주의를 이끌어냈다.

협동조합은 경제민주화의 핵심 축이기도 하다. 협동조합은 경제적 독점의 피해를 입는 대다수의 경제적 시민들이 자기 출자와 자기 책임으로 꾸려가는 기업이다. 협동조합 경제의 확대는 경제민주화의 가장 적극적인 표현이다. 지역사회에 뿌리를 둔 협동조합은 민주주의의 선한 바이러스를 확산시키는 강력한 매개체이기도 하다. 협동조합은 경제와 정치를 포괄하는 풀뿌리 민주주의의 효과적인 교육장이다.

협동조합은 가장 생산적인 복지를 수행하는 도구이다. 협동조합 경제는 경제와 사회의 격차를 줄여나가고 통합의 메커니즘을 활성화시키는 속성이 있다. 사회적 약자들은 직접 생산에 참여하는 과정 자체를 통해 사회적 돌봄을 제공받는다. 사회적협동조합에 참여하는 젊은이들은 더 적은 보수를 받고 열정과 아이디어를 쏟아낸다. 같은 예산으로 복지 공무원들보다 몇 배의 성과를 이뤄낸다.

사회적책임경영(CSR)은 협동조합의 DNA이다. 협동조합의 여섯 번째 원칙이 지역사회의 지속 가능한 발전에 기여하는 것이다. 지역 주민이 조합원으로 참여하기에, 협동조합의 사회책임경영은 선택이 아니라 필수이다. 주식회사도 사회적책임경영을 외치지만, 흉내 내기에 그치기 십상이다. 돈을 더 많이 벌기 위한 수단으로 사회적책임경영을 포장하기 때문이다.

"협동조합은 좋은 일자리를 창출하는 보물단지입니다. 인권을 존중하고 삶을 유지할 임금을 제공하며 노동을 통해 자기가 원하는 것을 추구할 수 있는 일자리를 만들어내지요."

국제노동기구(ILO) 마리아 엘레나 차베스(Maria Elena Chavez) 전 협동조합국장의 설명이다.

농산물 가격이 치솟을 때, 생협 매장을 찾아가 보라. 반값이던 한 달 전과 똑같은 가격표가 붙어 있다. 생협은 농민들과의 신뢰를 바탕으로 연간 고정된 계약가격으로 물건을 공급한다. 이와 함께 생협은 평소 판매가격의 일부를 가격안정기금으로 적립한다. 물가상승기에 그 돈을 풀어, 치솟는 가격을 붙잡는다. 신뢰와 공동행동으로 물가 안정을 이뤄낸다. 스위스의 소비자협동조합인 미그로와 코프스위스도 2008년 글로벌 금융위기 때에 자국의 물가안정에 기여했다는 평가를 받았다.

협동조합의 세 가지 약점

사실 협동조합은 도전하기에 쉽지 않은 기업형태이다. 통상의 영리기업을 운영하는 게 오히려 속이 편할 수 있다. 여럿이 공동으로, 그것도 민주주의 방식으로 기업을 운영한다는 것은 결코 쉽지 않을 것이다.

협동조합의 약점으로 흔히 세 가지를 꼽는다. 첫째, 자본조달이 어렵다. 세 가지 중에서도 결정적인 취약점이다. 조금만 생각해보자. 어느 투자자가 협동조합에 자금을 대겠는가? 투자자를 유치하자면 기업의 수익을 극대화해야 한다. 그리고 기업의 수익을 끌어올리려면, 물건을 비싸게 팔거나 원재료를 싸게 구입하거나 직원의 급여를 덜 지급해야 한다. 하지만 협동조합은 수익을 많이 내기

보다는 원칙적으로 원가 경영을 한다. 물건을 값싸게 팔고(소비자협동조합), 원재료를 비싸게 구입하고(농업협동조합), 또는 직원들에게 더 높은 급여를 지급한다(노동자협동조합). 이러니 협동조합은 기업의 재무성 평가에서도 좋은 점수를 받을 수 없다. 더욱이 협동조합의 출자 지분은 주식처럼 시장에서 사고 팔수도 없다.

   두 번째 약점은 민주주의이다. 1인 1표가 걸림돌이다. 주식회사라면 51%의 지분을 가진 대주주가 전권을 행사할 수 있다. 하지만 협동조합에서는 아무리 투자를 많이 해도, 1주를 가진 소액 출자자와 똑같은 1표의 권한만 지닌다. 당연히 의사결정이 느려질 수밖에 없고, 책임은 지지 않고 목소리만 키우는 무임승차 조합원들이 많아질 수 있다. 협동을 갉아먹는 좀 같은 존재이다. 배가 산으로 올라갈 위험성도 무시할 수 없다. 하지만 의사결정이 더디다고 1인 1표의 민주주의를 건너뛸 수는 없다. 토론을 충분히 하면서 효율성을 잃지 않는 협동조합 나름의 기업문화를 정착해야 한다. 민주주의를 포기하면 협동조합이 아니다.

   세 번째 약점은 고급 인재 영입이 어렵다는 점이다. 세계적인 협동조합 사이에는 하위직과 고위직의 급여 차등을 제한하는 암묵적인 전통이 있다. 대체로 6~9배 이내로 묶고 있다. 급여 차이가 너무 많이 커지면 협동이 깨진다는 공감대가 깔려 있는 것이다. 하지만 상대적으로 낮게 책정된 고위직 급여는 똑똑한 직원을 유치하는 데 현실적인 장애물이 될 수 있다.

노동조합과 협동조합

　노동조합과 협동조합은 산업혁명기에 같은 뿌리에서 생겨났다. 자본주의 기업형태가 자리 잡으면서, 생산성이 떨어지거나 힘이 모자라는 사람들은 강력한 자본의 희생자로 전락했다. 주식회사의 엄격한 수직적 위계질서에 억눌리고 공장 분업의 극대화에 종속되었다. 이때 두 갈래의 반작용이 일어났다.

　우선, 공장 노동자들은 자신의 이익을 보호하기 위해 공동의 조직을 회사 안에서 결성했다. 이 조직이 바로 노동조합이다.

　노동조합과 별개로 공동으로 힘을 합쳐 아예 '우리들의 기업'을 세워보자는 움직임도 일어났다. 주주가 아니라 노동자(또는 소비자)들이 직접 기업을 소유하고 모든 생산요소와 계약을 체결하는 경영 주체가 되어보자는 아이디어였다. 시장 최저가격으로 모든 생산요소를 구입하고, 남는 잉여금(이익)을 모두 조합원 몫으로 귀속시키면 삶이 나아질 수 있다고 생각했다. 이러한 생각을 실현해 등장한 것이 협동조합이다. 협동조합에서는 자본 또한 조합원들이 가장 유리한 조건으로 '구입'하는 여러 생산요소의 하나에 지나지 않는다. 노동자가 기업을 지배하고 경영한다는 노동자협동조합의 꿈은 스페인의 몬드라곤에서 활짝 꽃을 피웠다.

국제노동기구는 협동조합 진영과 적극적으로 협력하는 여러 정책을 펴고 있다. 1919년 창설 때부터 협동조합국을 운용하고 있고, 국제노동기구 헌장에도 협동조합과의 협력을 명시하고 있다. 협동조합이 노동권을 존중하고 그에 바탕을 둔 대표적인 기업형태이기 때문이다. 캐나다 퀘벡 주에서는 퀘벡노동자연맹이 주 정부와 함께 노동연대기금을 만들어, 협동조합과 사회적기업을 지원한다. 고용 안정에 도움이 된다고 보기 때문이다.

그동안 우리나라 노동계는 협동조합에 큰 관심을 보이지 않았다. 이제 해피브릿지와 같은 제대로 꼴을 갖춘 노동자협동조합도 생겨나고 있다. 노동운동과 협동조합운동이 상호 협력의 싹을 틔울 때이다.

협동조합의 지속 가능성, 교육이다!

협동조합기업은 수명이 길다. 2008년 캐나다 퀘벡 주 정부의 공식 조사에서 협동조합의 5년 뒤 생존율은 62%, 10년 뒤에도 44.3%나 되는 것으로 나타났다. 주식회사와 같은 영리기업의 생존율은 그에 훨씬 못 미쳐 5년 뒤 35%, 10년 뒤 19.5%에 그쳤다.

특히 주택, 통신, 사회서비스, 음식숙박, 학교(서점 카페), 농업, 산림, 교통 등 여덟 개 업종의 생존율은 협동조합이 두 배 이상 높았다. 건설과 제조, 도소매업에서는 영리기업의 생존율이 더 높았다.

2009년의 국제노동기구 조사에서는 협동조합금융이 영리 금융보다 경제위기를 잘 견뎌낸다는 결론을 내렸다. 1840년대의 영국, 1860년대의 독일, 1900년대의 퀘벡, 1930년대의 미국과 2000년대 말의 전 세계적 위기상황에서 예외 없이 협동조합이 번성했다는 것이다.

또 미국과 캐나다의 신용협동조합들은 2008년 금융위기 때에 전년보다 6.4% 많은 5,750억 달러의 총대출을 유지한 것으로 분석했다. 같은 기간 8,300개 영리 은행은 총대출을 0.4% 줄여, 기업의 파산을 촉발했다.

지속 가능한 협동조합들을 살펴보면 한 가지 공통점을 찾을 수 있다. 경제적 가치와 사회적 가치를 동시에 추구하는 원칙에 충실하다는 점, 무엇보다 그것을 가능하게 하는 조합원 교육이 살아 있다는 사실이다. 협동조합 7대 원칙에서도 교육은 중요하게 강조되고 있다.

캐나다 서스캐처원 협동조합의 산증인인 해럴드 채프먼은 "협동조합은 절박한 문제가 있을 때, 문제를 해결하기 위해 생겨난다. 하지만 지속적인 교육을 하지 않으면 협동조합은 1.5세대 이상 지탱되기 어렵다"라고 말했다. 스테파노 자마니 교수는 협동조합 확산의 첫 번째 조건으로 '학교 교육'을 꼽는다. 이기심과 적자생존의 이윤 동기 말고 다른 경제적 동인이 있다는 것을 학교에서부터 가르쳐야 한다고 주장한다. 국제노동기구의 마리아 엘레나 차베스 전 협동조합국장도 "전 세계 협동조합 운동에서 가장 큰 문제는 교육이 없거나 부족하다는 점이다. 젊은이들에게 협동조합을 알려야 한다. 그래서 협동조합 창업이나 협동조합 근무가 자신의 현실적인 옵션이 될 수 있어야 한다"라고 말했다.

지은이 후기_ 협동조합도시를 위하여

우리 식구는 대형마트를 이용하지 않는다. 지난해부터 집 가까이에 있는 생협 가게에서 그때그때 신선한 먹거리를 조금씩 구입한다. 장 보러 가는 횟수가 잦아졌고, 그만큼 우리 가족의 식탁은 건강하고 풍성해졌다. 생협 두 곳에 조합원으로 가입한 아내는 어느새 협동조합 신봉자가 됐다. 주위 사람들에게도 생협의 안전한 먹거리를 자랑스럽게 권한다. 서울 은평구의 살림의료생협 조합원으로도 가입했다. 집에서 좀 멀리 떨어져 있다는 점이 불편하지만 우리 식구에게는 최고의 동네병원이다. 친절한 의사 선생님과 시시콜콜 상담하고 처방을 받을 수 있다. 가까운 친척과 직장동료들 여럿도 조합원으로 가입했다. 다들 만족스러워한다.

최근 가족의 장례를 치렀다. 한겨레두레협동조합에 모든 것을 믿고 맡겼다. 한겨레두레는 바가지 씌우지 않고 가격거품을 뺀 협동조합 상조회사이다. 마음 편하게 찾아가는 술집도 하나 생겼다. 서울 서대문역 근처의 '물뛴다'라는 곳이다. 전통술 장인들이 공동으로 출자해 운영하는 사실상의 협동조합이다. 아마도 우리 아이가 어렸다면, 공동육아 협동조합에 보냈을 것이다. 협동조합주택에 대한 관심도 많다.

협동조합을 이용해보니 고객들이 믿고 거래하는 단골가게 같은 느낌이 든다. 고객들이 직접 출자해 운영하는 단골가게라고 할까? 협동조합은 단골가게의 장점을 제도화한 것이다.

협동조합 단골가게의 그물망이 잘 짜인 서울의 삶을 꿈꾼다. 출발점은 신뢰이고, 공동체이다. 아파트 공동체의 회복에 큰 기대를 건다. 협동조합은 처음 하나를 성공시키기가 참으로 어렵다. 아파트에서는 몇 배 더 힘들 것이다. 하지만 성공한 협동조합의 경험이 다져지면, 그다음 협동조합은 훨씬 수월하게 만들 수 있다. 그렇게 도시 협동조합의 생태계가 자라난다.

협동조합 교육에 전 사회가 힘을 쏟아야 한다. 누구나 협동, 협동조합이라는 말에 익숙해져야 한다. 중·고교의 경제 교과서에서 협동조합이란 기업형태를 다뤄야 한다. 그래야 젊은이들이 사회에 진출할 때, 협동조합 창업이나 협동조합 취업을 선택지로 고민할 수 있을 것 아닌가? 그렇게 멀리 보고, 자라나는 세대의 의식과 문화를 바꿔나가자.

협동조합들 스스로 협동조합 교육의 전도사로 나서야 한다. 존립을 위해서도, 협동조합은 교육을 외쳐야 한다. 캐나다 서스캐처원 주의 해럴드 채프먼은 "아무리 좋은 협동조합이라도 교육이 없이는 1.5세대를 못 넘긴다"라고 강조했다.

협동조합의 특수성을 이해하고 지지하는 금융의 존재 없이 협동조합의 미래를 이야기할 수 없다. 노동금고라는 든든한 내부 금융이 없었다면 스페인의 몬드라곤이 '해고 없는 기업'이란 국제적 명성을 얻을 수 있었을까? 상상도 못할 일이다. 캐나다 퀘벡 주의 강력한 협동조합경제를 이끈 일등공신 또한 데자르댕신협이다.

한국에도 전국에 1,000개 가까운 기존 신용협동조합이 있기는 하다. 하지만 금융당국이 신협이 협동조합을 포함한 법인 대출을 아예 못하도록 규제하고 있다. 「협동조합기본법」에서는 새 협동조합이 금융 사업을 못하도록 묶어놓았다. 개선돼야 할 규제이다. 신협들 스스로도 보다 적극적으로 지역 협동조합 생태계의 견인차를 자임해야 할 것이다. 협동조합의 맏형인 거대 농협의 환골탈태도 요구된다.

협동조합의 요체는 결국 사람이다. 너 죽고 나 살기 식의 무한경쟁이 아니라 사람들의 협동을 경쟁력의 무기로 삼는다. 협동조합은 제대로 뿌리를 내리기까지 시간이 많이 걸린다. 민주주의를 통해서 사업도 잘해내는, 합리적인 협동의 기업문화를 정착시켜야 하기 때문이다.

경쟁(compete)이라는 단어의 어원인 라틴어 'com petere'는 공동의 목표를 함께 지향한다는 뜻이다. 스테파노 자마니 교수는 '협력적 경쟁'을 제안한다. "'이번에는 내가 도와줄 테니 네가 먼저 하고, 다음에는 내가 할게' 이렇게 협력하면서 경쟁하면 두 사람에게 다 좋은 최선의 결과를 낳을 수 있다. 서로 도와가면서 행복하게 살지 않겠나?"

내가 살고 있는 아파트에서 시작하자. 터놓고 이야기할 수 있는 이웃사촌부터 만들어보자.

협동조합의 시작은 그렇게 거창하지 않다. 하지만 협동조합의 숙성은 세상을 바꾼다. 우리의 경제, 우리의 생활을 진정한 풀뿌리 민주주의의 길로 이끈다.

참고문헌

기획재정부. 2013. 「아름다운 협동조합 만들기」. 기획재정부.
김현대. 2012. 『협동조합 참 좋다』. 푸른지식.
김성오. 2012. 『몬드라곤의 기적』. 역사비평사.
농협경제연구소. 2010. 「협동조합 길라잡이」. 농협경제연구소.
이원재. 2012. 『이상한 나라의 경제학』. 어크로스.
정태인. 2011. 『착한 것이 살아남는 경제의 숨겨진 법칙』. 상상너머.
정태인. 2013. 『협동의 경제학』. 레디앙.
이대중. 2013. 『협동조합, 참 쉽다』. 푸른지식.
ICA. 2012. 「Global 300 Report」.
자마니, 스테파노 · 베라 자마니(Stefano Zamagni & Vera Zamagni). 2012. 『협동조합으로 기업하라』. 송성호 옮김. 북돋움.

국내외 협동조합 관련 사이트

기획재정부 협동조합 http://www.cooperatives.go.kr/
사회적기업진흥원 http://www.socialenterprise.or.kr
사회투자지원재단 http://www.ksif.kr
한국협동조합연구소 http://www.coops.or.kr/
희망제작소 사회적경제센터 http://blog.makehope.org/smallbiz
아이쿱협동조합연구소 http://www.icoop.re.kr/

새로운 사회를 여는 연구원 http://www.saesayon.org

한국협동사회경제연대회의 http://cafe.daum.net/socialesc/

서울시 사회적경제 http://se.seoul.go.kr

서울시 사회적경제지원센터 http://www.sehub.net

서울시 마을공동체 종합지원센터 http://www.seoulmaeul.org

협동조합창업경영지원센터 http://www.kcdc.co.kr

한국협동조합학회 http://www.kcoops.or.kr

한살림생협 http://www.hansalim.or.kr/

아이쿱생협 http://www.icoop.or.kr

두레생협 http://www.dure.coop

행복중심생협 http://www.happycoop.or.kr

국제협동조합연맹(International Co-operative Alliance) http://ica.coop

유럽연합 농업협동조합연맹 http://www.cogeca.be

≪가디언≫ 사회적기업네트워크 http://www.theguardian.com/social-enterprise-network

위스콘신대 협동조합센터 University of Wisconsin Center for Cooperatives

서스캐처원대학 협동조합연구센터 http://usaskstudies.coop/

캐나다협동조합연합 http://www.coopscanada.coop/

지은이 **김현대**

한겨레신문에서 1987년 창간 작업 때부터 지금까지 일하고 있다. 사회부와 경제부 기자, 전략기획실장, 한겨레경제연구소 연구위원 등을 두루 거쳤다. 지금은 취재현장에서 평생농업기자의 길을 걸어가고 있으며, 협동조합과 작은학교를 한국농업농촌 발전의 키워드로 삼고 있다. 신문기사와 저술, 강연을 통해 선진 유럽과 북미, 오세아니아 협동조합의 생생한 사례를 국내에 소개했으며, 최근에는 한국 협동조합의 토착화에 힘을 보태고 있다. 2010년 한국농업기자포럼을 설립해 초대 대표를 지냈고, 2013년에 설립한 사회적경제언론인포럼의 대표를 맡고 있다. 서울대 사회학과를 나왔고, 캐나다 콩코디아 대학에서 항공MBA를 받았다.

후배 언론인과 협동해 『협동조합 참 좋다』를 공동 저술했으며, 『내 인생을 바꾸는 대학』, 『진보의 힘』을 번역하고, 『협동조합으로 기업하라』를 번역 감수했다.

한울아카데미 1658
서울연구원 미래서울 연구총서 05

협동조합도시
ⓒ 서울연구원, 2013

기획 • 서울연구원(원장 이창현)
편집위원회 • 장영희, 유창주, 이창우, 조권중, 백선혜
지은이 • 김현대
펴낸이 • 김종수
펴낸곳 • 도서출판 한울

편집책임 • 염정원
편집 • 김준영

초판 1쇄 인쇄 • 2013년 12월 10일
초판 1쇄 발행 • 2013년 12월 31일

주소 • 413-756 경기도 파주시 광인사길 153 한울시소빌딩 3층
전화 • 031-955-0655
팩스 • 031-955-0656
홈페이지 • www.hanulbooks.co.kr
등록번호 • 제406-2003-000051호

Printed in Korea.
ISBN 978-89-460-5658-9 93330

*책값은 겉표지에 표시되어 있습니다.